ASAHI SENSHO

朝日選書
958

ネガティブ・ケイパビリティ
答えの出ない事態に耐える力

帚木蓬生

JN183085

朝日新聞出版

ネガティブ・ケイパビリティ　答えの出ない事態に耐える力●目次

はじめに――ネガティブ・ケイパビリティとの出会い……3
精神医学の限界4　心揺さぶられた論文8　ポジティブ・ケイパビリティとネガティブ・ケイパビリティ9

第一章　キーツの「ネガティブ・ケイパビリティ」への旅……13
キーツはどこで死んだのか13　燃えるような愛の手紙15　キーツの短い生涯17
文学と医師への道21　経済的困窮の中で「受身的能力」へ26　シェイクスピアを再読しながら詩作28　初恋とともに詩作31　療養のためにローマへ34

第二章　精神科医ビオンの再発見……37
精神分析におけるネガティブ・ケイパビリティの重要性37　ビオンの生涯39　第一次世界大戦の戦列へ41　精神分析医になる決意46　ベケットの治療から発見したこと49　第二次世界大戦と精神疾患52　メラニー・クラインから教育分析を受ける55　ネガティブ・ケイパビリティを精神分析に適用57　ネガティブ・ケイパビリティは甦る60
第三章　分かりたがる脳……63
セラピー犬、心くんの「分かる」仕組み63　マニュアルに慣れた脳とは？68　画一的思考が遅らせたピロリ菌の発見70　分かりたがる脳は、音楽と絵画にとまどう73　簡単に答えられない謎と問い74
第四章　ネガティブ・ケイパビリティと医療……78
医学教育で重視されるポジティブ・ケイパビリティ78　終末期医療で医師には何が必要か81　ネガティブ・ケイパビリティを持つ精神科医はどうするか83　小児科医

ウィニコットの「ホールディング」（抱える）　86　　人の病の最良の薬は人である　87

第五章　身の上相談とネガティブ・ケイパビリティ……90

日々の診療所から　90　　八人の受診者　92　　身の上相談に必要なネガティブ・ケイパビリティ　100

第六章　希望する脳と伝統治療師……104

明るい未来を希望する能力　104　　楽観的希望の医学的効用　106　　山下清を育んだもの　111　　ネガティブ・ケイパビリティを持つ伝統治療師　113　　精神療法家はメディシンマンの後継者　117　　希望する脳とプラセボ効果　119　　疼痛におけるプラセボ効果　123　　外科でのプラセボ効果　126　　医療とプラセボの歴史　130　　二十一世紀のプラセボ効果　133　　ノセボ効果という副作用　137

第七章　創造行為とネガティブ・ケイパビリティ……141

精神医学から探る創造行為　141　　芸術家の認知様式　144　　小説家は宙吊りに耐える　145

詩人と精神科医の共通点　148

第八章　シェイクスピアと紫式部……151
キーツが見たシェイクスピアのネガティブ・ケイパビリティ　151　理解と不理解の微妙な暗闇　153　紫式部の生涯　157　『源氏物語』の尋常ならざる筋書き　161　源氏を取り巻く万華鏡のような女性たち　164　紫式部のネガティブ・ケイパビリティ　170　執筆当時からの賞讃　172　紫式部を師と仰いだユルスナール　174　ユルスナールの生い立ち　175　ユルスナールが描いた『源氏物語』の続篇　177　『源氏物語』の別章　184

第九章　教育とネガティブ・ケイパビリティ……185
現代教育が養成するポジティブ・ケイパビリティ　185　学習速度の差は自然　188　解決できない問題に向かうために　190　研究に必要な「運・鈍・根」　194　不登校の子が発揮するネガティブ・ケイパビリティ　195　教育現場からの賛同　199

第十章　寛容とネガティブ・ケイパビリティ……202

ギャンブル症者自助グループが目ざす「寛容」202　エラスムスが説いた「寛容」203
ラブレーへ 206　モンテーニュへ 208　つつましやかな、目に見え難い考え 211
現代のユマニスト・メルケル首相 212　不寛容のトランプ大統領 216　不寛容の先に
ある戦争 220　戦死者の言葉『きけわだつみのこえ』225　為政者に欠けたネガティ
ブ・ケイパビリティ 233

おわりに――再び共感について……237
共感の成熟に寄り添うネガティブ・ケイパビリティ 237　共感豊かな子供の手紙 241

参考資料 244

ネガティブ・ケイパビリティ
答えの出ない事態に耐える力

帚木蓬生

はじめに――ネガティブ・ケイパビリティとの出会い

ネガティブ・ケイパビリティ（negative capability 負の能力もしくは陰性能力）とは、「どうにも答えの出ない、どうにも対処しようのない事態に耐える能力」をさします。

あるいは、「性急に証明や理由を求めずに、不確実さや不思議さ、懐疑の中にいることができる能力」を意味します。

この言葉に出会ったときの衝撃は、今日でも鮮明に覚えています。

九州大学医学部の精神科では、国内外のさまざまな精神医学の月刊誌を購入していました。私の机のある部屋は、その開架の本棚に近く、いつでも手にして読めたのです。

欧米の雑誌で、最も読まれていたのはおそらく『米国精神医学雑誌』でしょう。深緑色の表紙で一センチ弱の厚みを持ち、光沢のある上質な紙に印刷されています。手に取りやすく、実に読みやすい雑誌です。

現在では、医学図書館に行っても、開架の医学雑誌はほんのひと握りになってしまい、ガランとしています。その代わり、検索用のパソコンが五、六十台並び、電子ジャーナルから閲覧したり、検索してプリントアウトする仕組みになっています。雑誌毎の手触りとか重み、色彩は失われ、無機質になってしまいました。至便さの陰で、人間臭い何かが失われていった典型でしょう。

ともかくその雑誌には、生理学、生化学、薬理学など、精神医学のさまざまな分野の論文がひしめき合っています。いきおい精読するのは、目次を眺めて、関心をひく表題を持つ論文だけです。そんな論文は、一号に二つ三つある程度です。

精神医学の限界

精神科医になって五年が過ぎ、六年目にはいった頃でした。この時期は、精神科医として多少の自信をつける半面、自分の未熟さにまだ道遠しと思う、相反する気持に揺れ動く頃です。要するに、精神科医の仕事そのものと、その根底にある精神医学の限界に気づき始めた時期だったのです。

例えば研修医の頃、うまく治ってくれたと思った患者さんが、何年か大学外の病院をローテーションして大学に戻ってみると、また再入院していたりします。しかも前よりも重症になっているのです。かと思うと、大学の外に出る前に入院していた患者さんが、そのまま入院生活を続けていたりするのです。いったい精神科医は医師としてどれほどのことができるのだろう。いやそもそも医学の大きな分野のひとつである精神医学そのものに、どれだけの力があるのだろう。そんな不安感にさいなまれ、自信をなくしかけるのが臨床五、六年目の精神科医と言っていいかもしれません。

そんな折、眼に飛び込んできたのが、「共感に向けて。不思議さの活用」という表題を持つ論文でした。何だこれは、と思いました。〈共感〉(empathy)は分かります。精神科医になりたての頃から、これは嫌というほど教えられ、実際に患者さんと接する中での重要性も痛感させられます。簡単に言えば、「相手を思いやる心」です。

とはいえ、これが漠然としていて、かつ奥が深く、体得するにも一筋縄ではいかないのです。

その「共感」と「不思議さ」を結びつけた論文ですから、驚きつつ立ったまま頁をめくり、本文を読み始めました。著者など、どうせ知らない名前なので、眼中にありません。医学論文にはまず冒頭に要約があります。それはこうなっていました。

――人はどのようにして、他の人の内なる体験に接近し始められるだろうか。共感を持った探索をするには、探求者が結論を棚上げする創造的な能力を持っていなければならない。現象学や精神分析学の創始者たちは、問題を締めくくらない手順、つまり新しい可能性に対して心を開き続けるやり方を、容易にする方法を発展させた。加えて、フッサールの現象学的還元と、フロイトの自由連想という基本公式は、芸術的な観察の本質を明示したキーツの記述と、際立った類似性を有している。体験の核心に迫ろうとするキーツの探求は、想像を通じて共感に至る道を照らしてくれる。

フッサールとフロイトなら、共感について考える際、当然引用されるかもしれない。しかし詩人のキーツがどうしてここに出てくるのか。

不思議に思って読み進めていく先に、「ネガティブ・ケイパビリティ」の記述があったのです。

今では有名になった兄弟宛ての手紙の中で、キーツはシェイクスピアが「ネガティブ・ケイパビリティ」を有していたと書いている。「それは事実や理由をせっかちに求めず、不確実さや不思議さ、懐疑の中にいられる能力」である。

能力と言えば、通常は何かを成し遂げる能力を意味しています。しかしここでは、何かを処理して問題解決をする能力ではなく、そういうことをしない能力が推賞されているのです。しかもその能力を、かのシェイクスピアが持っていたというのですから、聞き捨てなりません。

さらに読んでいくと、キーツが詩人について語った部分も引用されていました。

詩人はあらゆる存在の中で、最も非詩的である。というのも詩人はアイデンティティを持たないからだ。詩人は常にアイデンティティを求めながらも至らず、代わりに何か他の物体を満たす。神の衝動の産物である太陽や月、海、男と女などは詩的であり、変えられない属性を持っている。ところが、詩人は何も持たない。アイデンティティがない。確かに、神のあらゆる創造物の中で最も詩的でない。自己というものがないのだ。

ここに至って、キーツの真意がようやく読み取れた気がしました。アイデンティティを持たない詩人は、それを必死に模索する中で、物事の本質に到達するのです。その宙吊り状態を支える力こそがネガティブ・ケイパビリティのようなのです。キーツはネガティブ・ケイパビリティの権化として、シェイクスピアを引き合いに出しています。しかし本当は、詩人こそネガティブ・ケイパビリティを身につけるべきだと説いているのです。

不確かさの中で事態や情況を持ちこたえ、不思議さや疑いの中にいる能力——。しかもこれが、対象の本質に深く迫る方法であり、相手が人間なら、相手を本当に思いやる共感に至る手立てだと、論文の著者は結論していました。

著者の所属は、ハーヴァード大学医学部精神科となっていました。しかし著者がどういう人物かは知らず、三十年経った今でも分かりません。キーツのネガティブ・ケイパビリティを知ってからは、著者のことなどどうでもよくなったのです。

心揺さぶられた論文

医学論文はそれまでも多数読んでいましたし、その後も現在まで数えきれないほど読んでいます。しかし、この論文ほど心揺さぶられた論考は、古稀に至った今日までありません。このとき衝撃をもって学んだネガティブ・ケイパビリティという言葉が、その後もずっと私を支え続けています。難局に直面するたび、この能力が頭をかすめました。この言葉を思い起こすたびに、逃げ出さずにその場に居続けられたのです。その意味では、私を救ってくれた命の恩人のような言葉です。

〈問題〉を性急に措定せず、生半可な意味づけや知識でもって、未解決の問題にせっかちに帳尻を合わせず、宙ぶらりんの状態を持ちこたえるのがネガティブ・ケイパビリティだとしても、実践するのは容易ではありません。

なぜならヒトの脳には、後述するように、「分かろう」とする生物としての方向性が備わっているからです。さまざまな社会的状況や自然現象、病気や苦悩に、私たちがいろいろな意味づけをして「理解」し、「分かった」つもりになろうとするのも、そうした脳の傾向が下地になっています。目の前に、わけの分からないもの、不可思議なもの、嫌なものが放置されていると、脳は落ちつかず、及び腰になります。そうした困惑状態を回避しようとして、脳は当面している事象に、とりあえず意味づけをし、何とか「分かろう」とします。世の中でノウハウもの、ハウツーものが歓迎されるのは、そのためです。

「分かる」ための窮極の形がマニュアル化です。マニュアルがあれば、その場に展開する事象は「分かった」ものとして片づけられ、対処法も定まります。ヒトの脳が悩まなくてもすむように、マニュアルは考案されていると言えます。

ポジティブ・ケイパビリティとネガティブ・ケイパビリティ

ところがあとで詳しく述べるように、ここには大きな落とし穴があります。「分かった」つもりの理解が、ごく低い次元にとどまってしまい、より高い次元まで発展しないのです。まして理解が誤まっていれば、悲劇はさらに深刻になります。

私たちは「能力」と言えば、才能や才覚、物事の処理能力を想像します。学校教育や職業教育が不断に追求し、目的としているのもこの能力です。問題が生じれば、的確かつ迅速に対処する能力が養成されます。

ネガティブ・ケイパビリティは、その裏返しの能力です。論理を離れた、どのようにも決められない、宙ぶらりんの状態を回避せず、耐え抜く能力です。

キーツはシェイクスピアにこの能力が備わっていたと言いました。確かにそうでしょう。ネガティブ・ケイパビリティがあったからこそ、オセロで嫉妬の、マクベスで野心の、リア王で忘恩の、そしてハムレットで自己疑惑の、それぞれ深い情念の炎を描き出せたのです。

私たちが、いつも念頭に置いて、必死で求めているのは、言うなればポジティブ・ケイパビリティ（positive capability）です。しかしこの能力では、えてして表層の「問題」のみをとらえて、深層にある本当の問題は浮上せず、取り逃してしまいます。いえ、その問題の解決法や処理法がないような状況に立ち至ると、逃げ出すしかありません。それどころか、そうした状況には、はじめから近づかないでしょう。

なるほど私たちにとって、わけの分からないことや、手の下しようがない状況は、不快です。早々に解答を捻り出すか、幕をおろしたくなります。

しかし私たちの人生や社会は、どうにも変えられない、とりつくすべもない事柄に満ち満ちています。むしろそのほうが、分かりやすかったり処理しやすい事象よりも多いのではないでしょうか。

だからこそ、ネガティブ・ケイパビリティが重要になってくるのです。私自身、この能力を知って以来、生きるすべも、精神科医という職業生活も、作家としての創作行為も、随分楽になりました。いわば、ふんばる力がついたのです。それほどこの能力は底力を持っています。

本書では、これまで正面切って論じられてこなかったこの秘められた力を、さまざまな角度から論じています。第一章では、キーツが短い人生で、どうやってネガティブ・ケイパビリティを発見したのか、そのもの悲しい人生を辿ります。第二章では、詩人が発見したその概念が、いかにして精神科医のビオンによって再発見されたのか、その謎にせまりながら彼の起伏に富んだ人生にも触れます。

第三章は、ネガティブ・ケイパビリティの火を吹き消してしまいがちな、私たちの脳の傾向を概説します。第四章は、ネガティブ・ケイパビリティがあまりにも軽んじられている医療の現場をかい間見、第五章ではネガティブ・ケイパビリティが必須とされる精神科での身の上相談について述べます。

第六章は、脳の「希望する力」をうまく利用し、ネガティブ・ケイパビリティを発揮している伝統治療師の行為を検証します。

第七章は、ネガティブ・ケイパビリティなしでは成立しない創造行為の奥深さを説明し、次の第八章で、ネガティブ・ケイパビリティを十二分に発揮した作家の例として、シェイクスピアと紫式部をとりあげます。

そして第九章は、ネガティブ・ケイパビリティが失われ、殺伐としてしまった教育について論じます。最後の第十章は、人がそして人類が生きのびていくために、最も肝要な「寛容」でしめくくります。戦争を回避して平和を維持していくのは寛容であり、その土台を成しているのがネガティブ・ケイパビリティだからです。

読者がネガティブ・ケイパビリティを少しでも自覚し、苦難の人生での生きる力として活用してもらえれば、著者としては存外の喜びです。ネガティブ・ケイパビリティの概念を知っているのと知らないのでは、人生の生きやすさが天と地ほどにも違ってきます。なぜなら、世の中にはポジティブ・ケイパビリティに対する信仰ばかりがはびこっているからです。この本を読む前とあとでは、あなた自身がきっと変わっているのを実感するはずです。

第一章　キーツの「ネガティブ・ケイパビリティ」への旅

キーツはどこで死んだのか

ネガティブ・ケイパビリティという言葉をこの世で初めて口にしたジョン・キーツは、一七九五年にロンドンで生まれました。亡くなったのは、何とローマです。スペイン広場に向かってすぐ右側の建物のアパートで、一八二一年二月二十三日金曜日の午後四時半に息をひきとったのです。まだ二十六歳の誕生日を迎える前という若さでした。

私はキーツの一生を辿るにあたって、その死から語ったほうがふさわしいと思うのです。この異郷での死にこそ、キーツの悲劇が集約されており、彼がその短い一生で遺したネガティブ・ケイパビリティの貴重さが、あたかも奇跡のように感じられるからです。

私が長年訪れたいと願っていたその場所に、ようやく足を踏み入れることができたのは、二〇一五年の五月でした。

キーツが客死した建物は、多くの人が知っているローマのスペイン広場のすぐ横にあります。映画「ローマの休日」で一躍有名になったスペイン広場は、今でも朝から深夜まで人通りが絶えません。私は短いローマ滞在のために、広場近くの小さなホテルに宿を取ったので、何度も訪れることができました。ローマの五月は陽光が強く、階段にはブーゲンビリアの植木鉢が所狭しと置かれ、目の覚めるような赤紫の花が咲き誇っていました。若者たちは階段に坐り、動こうとしません。その隙間をぬって、通行人は上り下りします。しかし観光客がひしめくスペイン広場であっても、階段を下って左手にある「キーツ・シェリー記念館」を訪れる人はほとんどいません。

記念館とはいえ、元はと言えば普通のアパートですから、三階に上る階段は狭く急です。中には、褐色の肌をした若い女性がひとり受付にいるだけでした。キーツがいた居室と隣室のいくつかに、記念品が並べられ、いろいろな説明書が掲示されています。もちろん受付の近くは売店になっていて、キーツゆかりの書籍が販売されています。なかなか日本では手にはいらない本の表紙を眺めていると、くだんの係員がすまなそうに英語で言葉をかけてきました。「十二時になったのでここを閉めなければなりません。開館は午後二時です」。なるほどここはイタリアだと、あきれて外に出、昼食をすませて、また戻りました。

午後二時より少し遅れてやって来たのは、別の白人の係員でした。東洋人が待っているのを不思議そうに眺めて、扉を開けてくれました。

再び三階に上がり、窓の外を見やると、通りは午前中よりも人が増え、暑さしのぎにジェラートを頬ばる観光客があちこちに見えます。

キーツが滞在していた頃、このスペイン広場は観光地どころではなく、閑散としていたはずです。寒そうに住民が肩をすぼめて歩き、馬車も蹄《ひづめ》と車輪の音を寂しく響かせて、通ったことでしょう。死の床にあったキーツは、どんな気持で通りを見おろしていたのでしょうか。母国を離れることは、恋人とも離れることでした。ローマの医師が勧めた転地療養とはいえ、来てしまった悔恨は鉛のように胸中に澱んでいたはずです。

しかし、キーツが残した手紙には、後悔は一切書かれていません。しかもこの部屋から母国に書いた手紙はただ一通だけで、友人に宛てた一八二〇年十一月三十日付の短い書簡が最後になりました。その中で既に、「手紙を書くのさえ、この世の大仕事になってしまった」「胃が痛む。本を開くだけで胃が痛む」と書いているのです。

燃えるような愛の手紙

死の床までキーツの苦しみを支え続けたのは、ファニー・ブローン嬢への燃えるような愛でした。彼女に宛てた三十七通の手紙は、英文におけるラブレターの絶唱として永遠に生き続けるはずです。

キーツが彼女に宛てた三十七番目の手紙はイタリアに旅立つ前に書かれました。「私の親愛なる女性へ」で書き出され、末尾は「神の祝福があなたにあるように」と記され、「あなたが愛するキーツより」の添え書きがされています。

どうか、あなたなしで私が幸福でいられるように、何か手立てを発明して下さい。毎時間毎に、私はあなたへの思慕を深めています。他のことは、まるで口の中の籾殻同然です。イタリアに赴くことは、ほとんど不可能のように思います。つまり、私はあなたから離れられないのです。そしてあなたと一緒に暮らす機会に恵まれるまで、私は一分たりとも満足することができないのです。（中略）もし私があなたと暮らせないのであれば、私はひとりで生きます。あなたから離れて、私の健康が改善するとは思いません。（中略）あなたとともに幸せでいられるのは、不可能事です。そうなるには、私よりもっと幸運な星のもとに生まれる必要がありま す。（中略）私が自分の未来に見るものは、いばら以外何もありません。（中略）私にとって世の中は余りに苛酷でした。墓というようなものがあって、私は嬉しい。そこに行きつくまで、私は休息を見出せないのです。（中略）願うのは、誠実さに満ちたあなたの腕の中に私がいること、そうでなければ、落雷に当たって砕け散りたい。

死の予感に彩られたこの激しい文面からは、キーツの悲痛な叫びが聞こえてきます。健康を失った自分は、もう恋人と結ばれる資格はないと諦める裏で、誰か素敵な男性が現れ、彼女はそちらに走ってしまうに違いない、そして幸せな人生を送るだろう。それを手放しには喜べない、キーツの無念さがよく理解できます。

恋文を綴るかたわら、骨身を削るようにして、わずか二十ヵ月の間に書いた膨大な韻文も、英詩の亀鑑として長く人口に膾炙しています。

短い生涯しか許されなかったキーツが、二十五年というその生涯で、散文と韻文に能力を発揮したのは、ほとんど奇跡としか言いようがありません。この奇跡を成し遂げられたのは、キーツが早い時期に、ネガティブ・ケイパビリティの概念を摑んでいたからだと、私は考えています。

若輩のキーツが、いかにしてその概念に到達したのか、大筋を辿るのは本書の第一歩として不可欠なのです。

キーツの短い生涯

キーツが誕生したとき、父親のトーマスは二十二歳、母のフランシスは二十歳の若さでした。花嫁の父は裕福な実業家で、花婿はそこの従業員でした。キーツの出生は、一七九四年十一月の両親の結婚の翌年で、七ヵ月の未熟児だったと言われています。享楽的な母親が酒飲みだったため、キーツは胎児性アルコール症候群でした。母親が摂取したアルコールは、容易に胎盤を通過するので、胎児の脳にダメージを与えます。そうやって出生してくる赤ん坊が持つ障害が、胎児性アルコール症候群です。通常は小頭症になり、上唇にある凹みの人中がなくなります。知能も低くなるのが普通です。キーツは知能について決して低いとは言えません。むしろその言語能力からして高かったと思われます。しかし小さめの頭と突き出た唇は、胎児性アルコール症を示唆しています。

その後、両親は二年毎に子供に恵まれます。一七九七年に次男のジョージ、一七九九年に三男のトム、さらに二年後に四男のエドワードが生まれます。当時キーツ一家は、拡大を続けるロンドン郊外に住んでいました。

末弟のエドワードがわずか一歳で亡くなったとき、キーツは六歳でした。近所の人たちは、この子はきっと詩人になるぞと噂していました。というのも、年上の子や大人が何かキーツに質問すると、末尾の言葉に韻を合わせて答え、自分で笑っていたからです。

キーツは、大都会ロンドンとその郊外の田舎で、幼少期を過ごします。住んでいる家の北側には美しい庭園があり、その奥は牧場になっています。南側には庭を隔てて家々と製酢工場がありました。

幼いキーツの記憶に刻まれたのは、母方の祖父の家での豪華な夕食でした。とはいえ当時、財を成していた祖父の家にも没落の影は忍び寄ってきていたのです。晩餐会の賑やかさの裏に、キーツはある種の翳りを感じとったのではないでしょうか。それが後に、華やかさに秘められた暗い詩情の源泉になったのかもしれません。

四男が死んだ翌年の一八〇三年長女のファニーが生まれます。

この年、キーツは弟のジョージとともに、有名なクラークス・アカデミーという小学校に入学します。錚々たる教師陣を揃えたこの学校は、七年前に生家近くのエンフィールドという町に移転したばかりだったのです。この学校での七年間が、キーツの素養を決定的なものにします。教科は、伝統を重んじるよりも、より実利に重点を置いていました。天文学、生物学、古典、仏語、園芸、歴史、算数、機械や光学といった幅広い内容でした。

翌一八〇四年四月、キーツと弟を寄宿舎に馬に乗って訪ねて来た父親が、ロンドンへの帰途、落馬して頭を強打し血を流しているのが発見されます。そのまま真夜中に息を引き取ったのです。乗馬が得意だった父親がどうしてそういう事故にあったのか、目撃者がないので原因は分からないままです。

葬儀は四月二十三日に行われました。奇しくも、その日はシェイクスピアの誕生日と目される日でした。これ以来、シェイクスピアを語るたび、キーツには父の死が想起されるようになります。寡婦となった母親はまだ二十九歳でした。四歳のトムと十ヵ月でしかないファニーは、母方の祖父の許に送られます。

ところが母親は、夫の葬式の二ヵ月後に再婚します。相手は年下で、結婚式は家族の臨席のないまま取り行われました。

亡き父親の席に突然坐った継父と、喪に服す間もなく再婚した母親をキーツが容認できるはずはありません。キーツたちは、母親からも捨てられたと感じ、二重の意味で孤児になったのです。

幸い学校では親しい友人ができました。ことにキーツを可愛がってくれたのは八歳年上で、校長の息子であるカウデン・クラークでした。

一八〇五年十一月、キーツが十歳のとき、ネルソン提督の勝利と、トラファルガーの戦いでの戦死の報がほとんど同時に届きます。

この頃、祖父が死去し、キーツたちの面倒をみるのは祖母となりました。末弟のトムも同じ寄宿舎にはいっており、夏休みには三人で数マイル歩いてエドモントンに移った祖母の家に帰り、そこで三歳の妹のファニーと一緒になるのです。寄宿舎に戻る馬車を、玄関に立っていつまでも見送る妹の姿は、生涯キーツの眼に焼きつけられます。

エドモントンの自然をキーツはこよなく愛し、夏の朝起きてはそこここを散策します。

両親とは絶縁し、子供を捨てた母親は、この頃さらに重篤なアルコール依存症になっており、夫とも離婚します。その後の消息は不明のままでした。

五歳になったファニーは、寄宿舎にいる三人の兄たちを頻繁に訪れます。四人揃って寄宿舎の庭を歩くほほえましい光景を、教師たちは目を細めて眺めていました。

一八〇九年、アルコールとヘロインで既に病む身になっていた母親が祖母と和解し、五年の空白を経てエドモントンの家に帰って来ます。

十三歳になったこの頃のキーツは、学校の図書館の棚から、書物を次々と取り出しては読みふけります。特にキーツを夢中にさせたのは、古典や歴史、神話を網羅した百科事典や辞書類でした。

キーツは成績優等賞をとって母親を驚かそうと決め、猛勉強を始めます。級友たちが運動場で遊ぶのを尻目に、ラテン語やフランス語を勉強し、夕食をとるのも本を読みながらでした。そのおかげで優等賞はとったものの、肝腎の母親の身体は眼に見えて衰えていきます。

ベッド脇に置かれていたのはブランデーの瓶と、リウマチの痛みを柔らげるために医師から処方された阿片でした。キーツは母親のために食事を用意し、小説を読んできかせます。夜には祖父が使っていた大きな椅子に坐って、母親を見守ります。しかし母親の息づかいは次第に荒くなり、咳も絶え間なく出るようになりました。

そして一八一〇年三月、母親はついに亡くなります。享年三十五でした。父親の死からわずか六年しか経っていません。四人の子供の親代わりは、今や七十三歳になった祖母だけです。残された時間が少ないことを覚った祖母は、遺産を四人の孫に残すべく法的な措置をします。

文学と医師への道

母親を失って悲しむキーツの苦悩を少しでもやわらげるために、年上の友人カウデン・クラークが勧めたのが、ローマの詩人ウェルギリウスの『アエネイス』英訳でした。読みふける過程でキーツが完成した英訳原稿は現存していません。しかしこの長大な叙事詩の翻訳作業によって、詩を書く技術を身につけたのは確かでしょう。

この年、キーツと弟のジョージは、学校を去ります。十三歳のジョージは会計事務所に雇われ、十四歳のキーツは祖父母の主治医だったトーマス・ハモンド医師の家で徒弟奉公を始めます。医師になるのは、キーツ自身の意思ではなく、周囲から勧められたものだったようです。人から尊敬され収入もある職業であり、また母親を奪った病気を治す仕事でもあるので、キーツ自身抵抗できなかったのでしょう。

ハモンド医師は祖母の家のすぐ横に住んでいて、キーツと同年代の子供がありました。ここでの修業は五年が見込まれていました。最初の仕事は、丸薬作り、診療所の掃除、瓶洗いなどです。次の段階で、傷の手当、抜歯、脱臼や骨折の治療法を覚えていくのです。

しかしハモンド医師との仲はうまくいかず、四年後には師匠のもとを離れます。同じ頃、末弟のトムも学校を出て、兄のジョージと同じ会計事務所で働くようになりました。

ハモンド医師の許を去ったキーツは、一八一四年から一八一六年まで、聖トマス病院とガイ病院の授業を受けるようになります。それでも月に五、六回は、エンフィールドのカウデン・クラークに会いに行っていました。またしてもクラークの勧めで、キーツはスペンサーやミルトン、シェイクスピア、タッソーその他の作品に親しむようになりました。

一八一三年になると、キーツは自作の詩をクラークの前で朗読し始めます。

翌一八一四年、ロンドンに出たキーツは弟のジョージと一緒にアパートを借りました。そして一八一六年までの二年間、ここから二つの病院の講義や解剖実習に出かけて行ったのです。

この頃、さしもの連戦連勝を誇ったナポレオンも、東はロシア、北はイギリス、南はスペインによって追いつめられていました。キーツはこの歴史のうねりを詩作にとり込むと同時に、ロンドン生活をも楽しみます。そんな中、一八一四年十二月、祖母が七十八歳で死去します。育てられていたファニーはまだ十一歳だったので、後見人に委ねられます。この間も、キーツは詩作を続けました。弟二人は兄のキーツに気分のムラがあるのに気がついていました。活動的になったかと思うと、次の時には沈み込んだ状態になるのです。

この時期、キーツが尊敬していたのは、カウデン・クラークと親交のあった詩人のレイ・ハントでした。彼は自由主義的な週刊誌「エグザミナー」の創始者であり、その政府を批判する論調から裁判にかけられ、二年間投獄の憂き目にあっていました。

刑を全うして釈放された一八一五年二月二日、キーツはこれを祝う詩を書き、クラークの仲介でハントに渡されます。しかしキーツの熱望も空しく、「エグザミナー」はキーツの詩を受理しませんでした。

医学生としてキーツの交際の範囲は広がり、そこで知己となったのが二十六歳の若き弁護士リチャード・ウッドハウスでした。詩作もしていた彼は、読書家であり、キーツの詩の原稿を読んで、シェイクスピアやミルトンに匹敵する大詩人になると確信します。ウッドハウスがこれ以降、キーツの詩稿や手紙類を大切に保管するようになったのは、それが理由です。

キーツは男女を含めて交友を広げ、一八一五年にはキーツの取り巻き組が形成されます。それでも医学の修練は怠りません。月水金の十時には、ガイ病院で聴講し、火木土の十時には化学の講義を受けます。そのあと水木は入退院する患者の手助けをします。午後二時には聖トマス病院に移動して解剖学の講義を受け、四時から解剖実習にはいります。これが終わると手を洗って、夕方からの外科の講義に出席するのです。この間にもキーツは詩を書くのを忘れません。忙しい毎日の中、弟のジョージとトムがしばしば訪問して来ます。

こうしてキーツの胸の内で、詩人こそが最高の人間であるという信念が固められていくのです。一八一六年四月二十八日、愛読していた「エグザミナー」を開いたキーツは、小さな記事に目が釘づけになりました。「次号には、J・Kをはじめとして他の作品が載る」と予告されていたのです。はたして翌週号には、自分の詩「孤独」がJ・Kの署名イニシャルで掲載されたのです。二十歳のときでした。

同じくこの年の七月、まず第一段階の医師免許試験に合格して、晴れてレジデント（研修医）の資格を得ます。日々の生活が忙しくなる中で、キーツは多くの医学用語を使わなければならず、これがさらに語彙力を豊かにしました。

旧知のカウデン・クラークを介して、キーツが少年時代から偉大な同時代の詩人として尊敬していたレイ・ハントの誕生日に、彼の家に招かれたのは十月十九日です。このときハントはキーツより十一歳年長の三十二歳でした。ハントはここで、かつてイニシャルのJ・Kだけの署名のはいった詩の作者を知り、その才能を認めるのです。キーツは、ハントの友人である画家ベンジャミン・ロバート・ヘイドンの知己も得ます。

キーツはこの日を境にして、ますます詩作に打ち込みます。やがて「エグザミナー」に、次々とキーツの作品が掲載されるようになりました。しかもハントの推賞の言葉をつけられてです。

ハントの友人で、「エグザミナー」の有力な寄稿者パーシィ・ビッシュ・シェリーとも、キーツは知り合います。裕福な家の出で、イートン校からオクスフォード大に進んだ彼は、過激な論評を書いて、カレッジから追い出しをくらっていました。

キーツに詩集の出版を勧めたのは、このシェリーでした。

シェリーの論考と、キーツの処女詩集『詩篇』の出版予告が載ったのは、一八一七年の三月初め、「モーニング・クロニクル」の紙面でした。翌週に刊行された詩集は、拍手をもって迎えられます。冒頭には、もちろんハントへの謝辞が掲げられていました。その月、次の詩集の出版を申し出た出版社もあったほどです。

四月、キーツは次の作品にとりかかるために休暇をとります。ポーツマスの南にあるワイト島のロッジを借り、壁にシェイクスピアの肖像画と、ヘイドンの絵画を張ります。鞄にはシェイクスピアとスペンサーの著作を詰め込んでいました。ここでキーツは二作目の長篇散文詩『エンディミオン』の構想を練ります。滞在したのは十日間でした。四部構成で、各部は千行から成りたつ長大な詩です。

ロンドンに戻っても、詩の完成のために呻吟します。完成したのは、その年の十一月でした。

経済的困窮の中で「受身的能力」へ

この頃、キーツの生計は、いよいよ涸渇していました。好評のうちに迎えられた処女作も、大きな収入はもたらしません。

経済的な困窮の中で、詩作の苦しみから、キーツが導き出した概念が、「受身的能力(passive capacity)」です。キーツはこれを言い換えて、共感的あるいは「客観的」想像力と言います。これが「エーテルのような化学物質」で、想像力によって錬金術的な変容と純化をもたらして、個別性を打ち消してくれるのです。この「屈服の能力(capability of submission)」こそが、個別性を消し去って、詩人は対象の真実を把握できると考えました。

一八一七年十一月下旬までに、キーツは『エンディミオン』の最後の五百行を書き上げます。ようやく二十二歳になったばかりでした。

キーツの手本はあくまでもシェイクスピアであり、読みふける間に、シェイクスピアが持つ「無感覚の感覚（the feel of not feel）」に気がつきます。対象に同一化して、作者がそこに介在していない境地をさします。ここにキーツはシェイクスピアの情感的、霊的な偉大さを内在化させたのです。

キーツにとって、真の才能とは、不愉快なものでもすべて霧消させることのできる、想像力の持つ強さです。シェイクスピアの登場人物がそうで、その行動が読者の心の中で現実性を増すのです。

この「感じないことを感じる」ことや、「受動的能力」の概念が、一八一七年十二月のジョージとトムの弟二人に宛てた手紙の中に登場する「ネガティブ・ケイパビリティ（negative capability）」の概念に結実します。

この手紙のひと月前まで、「真の才能は個性も持たず、決まった性格も持たない」と言っていたキーツが、真の才能は個性を持たないで存在し、性急な到達を求めず、不確実さと懐疑とともに存在するという考えに至ります。この能力こそが、シェイクスピアのように、他の人間がどう考えているかを想像する力に直結すると結論したわけです。

翌一八一八年、それまでもよく喀血していた弟のトムが再び血を吐きます。もうこれは結核の症状だとキーツは絶望の中で診断します。

シェイクスピアを再読しながら詩作

沈痛な心を引きずりながら、『エンディミオン』を推敲するかたわら、次の『ヒペリオン』の詩作にとりかかります。同時に、シェイクスピアの「リア王」を再読します。ここでキーツは幸福と悲嘆、高揚と落胆、欲望と失望の微妙な境界に気がつきます。もちろん、そこには対立する二つのものの変容も含まれます。シェイクスピアにならってキーツも、陽のあたる歓びも人生の深い落胆も等しく、まるでオーケストラのように奏でる能力を獲得します。その感慨が、次の詩になって表現されました。

喜びも、悲しみも歓迎する
忘却の川の藻も、ヘルメスの羽も同じだ
今日も来い、明日も来い
二つとも、私は愛する
悲しい顔を、晴れた空に向け
雷の中に、楽しい笑い声を聞くのも
私は好きだ
晴天も悪天候も、どちらも好きだ

甘美な牧草地の下で、炎が燃えている
不思議なものへの、くすくす笑い
パントマイムの思慮深い顔
葬式と、尖塔の鐘
幼児が頭蓋骨で遊んでいる
晴れた朝の、嵐で難破した船体
すいかずらの巻きつく毒草
赤いバラの中で、蛇が舌を鳴らす
優雅な服をまとったクレオパトラが
胸に肉汁のゼリーをつけている
踊る音楽、悲しい音楽
二つとも正気で狂っている
輝く詩の女神と蒼ざめた女神
暗い農耕の神と、健全な滑稽の神
笑って、溜息をつき、また笑え
ああ、何という痛みの甘美さよ

詩の女神が輝き、蒼ざめる
そのヴェールをとって顔を見せてくれ
私に見せ、書かせておくれ
その日と夜を
二つともで私を満たしてくれ
甘美な心の痛みに対する私の大いなる喝き
私の東屋をお前のものにして
新しい銀梅花や松、花満開のライムの樹で
包んでおくれ
そして低い芝草の墓が私の寝椅子だ

こうしてキーツの『エンディミオン』は刊行され、「美しい簡潔さ」「感情の温かさ」「表現の優しさ」「生き生きとした想像力と洗練された心」などといった讃辞に包まれました。

同じ頃、弟のジョージが結婚してすぐ、新天地米国に移住して、農夫になることを決心します。末弟のトムが、再び病床につくのもこの頃です。痩せこけた弟の顔を見たキーツは、死の床にあった母の衰弱した姿を思い出します。紛れもなく、これは家族の病、肺結核に間違いありません。

トムを看病しながらも、キーツは次の詩作『ヒペリオン』にとりかかります。トムの死は一八一八年の十二月でした。

初恋とともに詩作

弟の死の直後、ハムステッドに住むブローン夫人から夕食の招待を受けます。ブローン夫人一家とは親友のチャールズ・ブラウンやディルケを通して知り合いになっていたのです。

というのも、チャールズとディルケ一家は、ひとつの家を二つに分けて住んでいたからです。一八一九年の春、チャールズ一家はディルケ家の分を買い取り、そこにブローン母子とキーツが住むようになりました。

キーツは十八歳になる娘のファニー・ブローンに、たちまち心を奪われます。ピアノも踊りも得意で、機智に富み、気まぐれなところもある女性だったのです。キーツの詩作は、この春豊富なものでした。さまざまに技巧をこらすのもこの時期です。

「聖アグニスの前夜」「恩寵のない美しき女性」「プシケへの歌」「古代ギリシャの壺への歌」「ナイチンゲールへの歌」「メランコリーへの歌」「怠惰への歌」などが次々と書かれました。

ファニーとの婚約をはばむのは、財産も定職もなく、しかも病をかかえているというキーツの身の上でした。このかなわない恋は、キーツの詩「輝く星」によく表現されています。そこには不可能性と永遠性が同時に見られます。

輝く星よ！　もし私があなたのように不動のものであるなら
夜のしじまの中に、孤独に輝きを放っていない
二つの瞼《まぶた》を永遠に開けて、あたかも自然の我慢づよい、眠りを知らない保護者の如く、見つめるのだ
朝は司祭の仕事のように
純なる洗浄を　地球の人々の岸辺に水をやる
あるいはまた　山や原野に積もった雪に新たに柔らかく雪が降って仮面となったのを見つめている
いや、まだ依然として確固たる、決して変わらない
私の可愛い恋人の熟しかけた胸を枕に
その柔らかい呼吸の上下を感じつつ
甘い不安の中で、永遠に目覚めながら
静かに静かに、彼女の優しい息づかいを聞こう
そして永遠に生き、さもなければ気を失って死のう

詩作は、自分の病気と生活苦に対する闘いの中で続けられます。

米国に渡ったジョージは農場経営がうまくいかず、金策のためにまたロンドンに戻って来ました。亡くなったトムが受けとるべき伯母の遺産まで手にして、再び米国に帰っていったのです。

キーツが思いを寄せるファニー・ブローン嬢は、そんな弟を心よく思いません。

お互い婚約の意思を交わしたものの、キーツが結婚の申し出に踏み込めなかったのは、自分に一家を成すだけの財力がなかったからでした。詩集を出版してくれる出版元に、前金を一度ならず要求したのもそのためです。

ブローン家のすぐ隣に住みながら、キーツはファニー嬢の来訪を短い時間に制限します。自ら吐く息によって、結核をブローン家に感染《うつ》してはならないからでした。いきおい二人のやりとりは短い手紙になるしかありません。

やがてキーツは、婚約破棄を彼女に言い渡します。これ以上彼女を縛っておくのは罪だと感じたからでしょう。

とはいえ毎日毎日、キーツは彼女が庭を散歩する姿を目にし、足音を聞きます。

「私はあなたが欲しい――私以外のことは考えないでくれ――私があたかもこの世にいないかのように振舞わないでほしい、私を忘れないでくれ。私を忘れろとあなたに言う権利が、私にはあるだろうか」とキーツは胸の内で唱えます。

ファニー嬢は、窓の外でキーツが咳する音を耳にし、彼女の父を奪ったのと同じ病気で、恋人が日々弱っていくのを実感するのです。

そんなキーツの苦しみを少しでも軽くしてくれたのは、三冊目の詩集『ラミア』の出版でした。各紙がこの詩集をこぞって評価し、キーツを、コルリッジ、チョーサー、ダンテ、スペンサーと並ぶ偉大な詩人と称しました。

療養のためにローマへ

この頃、イタリアに住む有名な医師ジェームズ・クラークが、結婚のためにロンドンに戻って来ます。彼は気候が病気に与える影響を強調した医学書を著わしていました。主治医を通じてクラーク医師と知り合ったキーツは、医師から「消耗した患者は、冬をローマで過ごしたがいい。それもスペイン広場の近くで」と助言されます。

ローマに住む古くからの友人シェリーも、彼にローマ滞在を勧めました。

別れに先立って、キーツはファニー嬢と会い、指輪を交換します。彼女は自分とキーツの妹のために、キーツの髪を切りました。キーツの髪は短いものでした。というのも、キーツは医学生の頃の遊蕩がたたり、性病にも罹患し、水銀を服用していたからです。

ファニー嬢はペンナイフとポケット日記帳、旅行帽、そして針仕事をしたとき指を冷やすための卵形の赤めのう石を贈ります。この石を握れば、キーツが彼女の手の温もりを思い出してくれるからです。

こうして友人のセヴァーンに伴われて、キーツは定期航路船マリア・クロウザーに乗り込んだのです。船がジブラルタル海峡を過ぎて、地中海にはいったところで、キーツは喀血します。ナポリに入港したのは、ロンドンを出発して三十五日後でした。一八二〇年十月三十一日火曜日、二十五歳になったばかりのキーツは港に上陸します。

一週間後、馬車でナポリを発ち、さらに一週間後の十一月十四日、二人はローマにはいります。あちこちに廃墟の残る市内を見て、キーツは生と死の境地にふさわしい地に来たと実感します。自宅に迎えてくれたのは、結婚したてのクラーク医師でした。「エジンバラ・リヴュー」誌を購入していた彼は、キーツの『エンディミオン』と『ラミア』を既に読んでいました。彼が確保していたアパートこそ、スペイン広場二十六番地の建物の三階だったのです。

年末が過ぎ、一八二一年になると、キーツの容態は悪化します。この刻々の様子は、付き添ったセヴァーンがロンドンの友人たちに宛てた手紙で知ることができます。

死の床に着いたキーツの肖像画を描かせるために画家を呼んだり、死後に葬るための墓地を探すのもセヴァーンの役目でした。

二月二十三日金曜日の午後四時半、キーツはとうとう息絶えます。デスマスクがつくられ、日曜日、クラーク医師と同僚外科医の手で、病理解剖が行われました。

肺はほとんど完全に破壊され、最後の二ヵ月をどうやって生き得たのか判断しかねるほどでした。心臓と胃の病理記録は残っていません。

埋葬と遺品整理を終えたセヴァーンが、ようやく気を取り直して、ファニーに手紙を送ったのが二月二十七日でした。三月下旬になって、「モーニング・クロニクル」、「エグザミナー」、「リヴァプール・マーキュリー」が、立て続けに詩人の死を報じました。

キーツが、死の床まで世話をしてくれた友人セヴァーンに、自分の墓に刻んで欲しいと口述した文は、次のとおりでした。


――ここに、その名前が水に書かれた人が眠る。


名前を水に書けば、たちどころに消えます。キーツ自身、自分の名前が後世にまで記憶されるとは思ってもみなかったのでしょう。

しかし、彼の作品とともに、彼が発見したネガティブ・ケイパビリティの概念は、歴史に新しくそして永遠に刻まれたのです。

第二章　精神科医ビオンの再発見

精神分析におけるネガティブ・ケイパビリティの重要性

キーツが短い生涯と引き換えるようにして残したネガティブ・ケイパビリティの概念は、長い間闇に葬られたままでした。それもそのはず、キーツがその言葉を記述したのは、わずか一回、それも弟たちに残した手紙の中だったからです。キーツの詩が二十世紀になって再評価されるようになったときでも、手紙の一節にまで眼をとめる識者や読者がいなかったのはやむをえません。

だからこそ、キーツがネガティブ・ケイパビリティの用語を書き記した百七十年後、同じく英国のウィルフレッド・R・ビオンによって新たに言及されたのは、私には奇跡にしか思えないのです。ビオンがいなければ、二百年後の今日でも、ネガティブ・ケイパビリティは闇に埋もれたままになっていたでしょう。

ビオンは文学者ではありません。精神科医であり、精神分析医でした。しかもビオンがネガティブ・ケイパビリティを口にしたとき、既に英国精神分析学会の大御所でしたから、再評価は誰も無視できませんでした。これがキーツのネガティブ・ケイパビリティにとって第二の奇跡でした。

しかしビオンがネガティブ・ケイパビリティの重要性を説いたのは、詩や散文といった文学の分野、あるいは芸術の分野ではなかったのです。ビオンの専門である精神分析の分野で、ネガティブ・ケイパビリティは不可欠だと注意を促したのです。

ネガティブ・ケイパビリティを保持しつつ、治療者と患者の出会いを支え続けることによって、人と人との素朴な、生身の交流が生じるのだとビオンは説きました。精神分析に限らず、人と人の出会いによって悩みを軽減していく精神療法の場において、ネガティブ・ケイパビリティは必須の要素だと、ビオンは考えたのです。

これによって、ネガティブ・ケイパビリティの有益さは、文学・芸術の領域を超えて、精神医学の分野にも拡大されました。人が人を治療する場では、ネガティブ・ケイパビリティは決して無視できない貴重な概念と化したのです。これを、ネガティブ・ケイパビリティにとっての第三の奇跡と言っていいでしょう。

近代精神医学は、フランスのフィリップ・ピネル（一七四五―一八二六）によって始まったと考えられ、彼が患者を鎖から解放したのは、十八世紀の終わりです。従って、精神医学はキーツが生きていた頃、その揺籃期にあったのです。

他方、精神分析の創始者、ジクムント・フロイト（一八五六―一九三九）が著作を著わし始めたのは十九世紀の終わり頃ですから、精神医学の曙から一世紀が経過していました。

しかし、ビオン以外の誰ひとり、精神科医あるいは精神分析医で、キーツの遺した概念に注目した者は皆無でした。

ネガティブ・ケイパビリティの再発見には、ビオンという特異な精神科医、精神分析医の登場を待つしかなかったのです。ここにも私は天の配剤のような奇縁を感じてしまいます。

ビオンの生涯

ビオンは、父親が英国の植民地で土木技師として働いていたので、一八九七年パンジャブ地方で生まれました。この幼年時代からパブリック・スクールを経て、第一次大戦に従軍するまでの経験は、ビオン自身が自伝として書き残しています。

インド体験はビオンに、強烈な記憶を残しました。地を焦がす太陽が沈むと、大地はたちまちにして漆黒の闇になり、中間の黄昏《たそがれ》どきなどはありません。闇の中で大きなさまざまな音がします。蛙の鳴き声に鳥の声、鐘の音に人々の叫び声、怒鳴り合い、雑踏の喚《わめ》き声、咳をする音、物売りの声などは終生ビオンの耳に残り、懐しさとともに、インドは愛すべき土地になったのです。

目を閉じれば、すべてを焼き尽くすような陽光と、真昼の死んだような静けさ、全く風のない中でだらりと葉を垂らした大木のありさまが甦ってきます。このインド体験が、純粋に英国内だけで育った英国人とはひと味違った何かをもたらしたのは確かでしょう。

八歳になったとき、本国のパブリック・スクールにはいるべく、長旅をします。付き添ったのは母親でした。鉄道でデリーからニューデリーを経由して、船旅の起点となるボンベイに着きます。長い船旅のあと本国に上陸、小学校の寮にはいります。ここで八歳から十三歳までの五年間を過ごさねばなりません。付き添ってきた母親とキスをかわして、二人は別れます。緑の垣根から立ち去る母親の帽子だけが見え、やがて消えます。

この小学校での生活は、ビオンにとって単調かつ退屈なものでした。日曜毎に、近接する教会に行ってミサに参加するのも、苦行のひとつになります。唯一の楽しみは、冬の暖炉の傍で熱中する読書だったのです。

小学校を終えて、今度はパブリック・スクールに進学します。私立のエリート養成校と言ってもよいこの学校での教育もまた、厳しい躾《しつけ》と画一的な教育、そして信仰までも押しつけるものでした。ビオンがそこで打ち込んだのはスポーツでした。元来パブリック・スクールは、若者たちの精力のはけ口としてスポーツを奨励していたのです。パブリック・スクールの多くは、片田舎にあり、芝生のラグビー場も数面持っています。英国人で少年時代からラグビーをやっていると言えば、それだけでエリートと見なしてもいいくらいです。逆にサッカーは庶民のスポーツです。

ビオンが打ち込んだのも、このラグビーと水泳で、めきめき頭角を現します。その他のスポーツでも、クリケットを除いて、万能選手でした。これに比べて、学業の面ではあまりパッとしなかったようです。十七歳になったとき、秘かに、オクスフォード大かケンブリッジ大の国際的なスポーツ選手になろうと思っていました。パブリック・スクールの卒業生は、この両大学のどちらかの学生になるのが当然だったからです。

しかし問題は、金銭的な面です。そこでビオンはオクスフォード大に赴き、奨学金の申し込みをします。ところがビオンの予想に反して、父の収入はそんなに低額ではなく、経済的困窮者に与えられる奨学金の受給資格はありませんでした。

第一次世界大戦の戦列へ

卒業年度になる頃、ビオンはラグビーと水泳でキャプテンを務めていました。ちょうど時期を同じくして、ヨーロッパには戦火の臭いがたち込めるようになります。若者は学業でペンを執るより、まず祖国防衛のために銃を取れという風潮になっていたのです。

ビオンも学業を続けるよりも、戦列に加わることを決意します。後年、ビオンはこの多感な時代のパブリック・スクールの教育を振り返って、教養と人格の養成について理想的だったと感謝しています。特に母親が強調していた正統な英語の発音を身につけるうえでは、重要だったと回想するのです。

卒業するとすぐにロンドンに行き、両親と再会します。喜びも束の間、翌日ビオンは志願兵受付所に赴きました。しかし拒否されます。軍隊が必要としていたのは、将校要員よりも一兵卒だったからです。傷ついたビオンは、父親の知人のコネで翌年の一九一六年一月、入隊します。入隊にあたって、それまで使った書物類はすべて、母校に残る友人たちに譲りました。戦死が頭の中にあったからです。

ビオンがまず配属されたのは、ウールにある第五戦車大隊でした。完成されたばかりの世界初の戦車マークI戦車《タンク》は、二十八トンの重量を持つ菱形の巨大な鉄塊で、百五馬力で平地なら時速五〜六キロメートル、行動半径は十五キロメートルでした。この新兵器をタンクと命名したのは後の首相チャーチルで、敵に秘密兵器の開発を知られたくなかったからです。部隊はフランスのル・アーヴルに上陸、それから先は寒さと湿気との戦いでした。ドイツ軍の砲撃を避けて泥沼に横たわらねばなりません。

廃墟と化した村々を過ぎながら、目ざしたのはベルギーのイープルです。毒ガスのマスタードガスがフランス語でイペリットと呼ばれるのは、このイープルで最初に使われたからです。そこはフランスとベルギーの国境にあり、開戦以来、ドイツと死闘を続けていた戦場でした。毒ガスの戦場であるため、将兵すべてがガスマスクの着用を命じられます。ここで戦車が砲弾の穴にはまり、動けなくなるという危険な場面もありました。

ついで戦車大隊が列車で運ばれて着いたのはカンブレです。この戦闘にイギリス軍は、戦車部隊の大半と、三百機の戦闘機、八個の歩兵大隊を投入します。ここでの戦闘は首尾よく実施され、まず砲兵隊が砲弾を敵陣に撃ち込んだあと、戦車の大群が敵に襲いかかり、そのあとを歩兵が掃討していくという戦術です。

唯一の抵抗がフレスキエールという村で起きました。全速力で村に突撃していたビオンの戦車の後方で爆発が起こり、停止します。砲弾が戦車の後部を貫通していたのです。燃料タンクが爆発する前に、かろうじて戦車を脱出したビオンに、下士官が駆け寄って報告します。

歩兵大隊の士官がすべて戦死したので、指揮を執ってくれないかという依頼でした。歩兵については知識のないビオンもやむなく受け入れ、その下士官を手元に置いて指揮します。陣地は多少後退したものの、よく持ちこたえ、翌日カンブレの戦闘が終わったのを知らされます。

この功績でビオンは戦功十字章を授与されます。これはビオンを当惑させたばかりでなく、「どうして俺でなく、何であいつが」という同僚士官の嫉妬も感じたのです。

一九一七年の冬、ビオンは歩兵小隊長に任じられますが、すべては様変わりしていました。以前からの部下で生き残っている者は数人しかおらず、第五戦車大隊そのものが新兵ばかりになっていたのです。同僚の士官の中には、戦争神経症になって除隊する者も出ました。

一九一八年の初め、第五戦車大隊は、凍りつく地面に塹壕《ざんごう》を掘る任務を命じられます。この気が滅入る日々に、一通の知らせがもたらされます。急ぎロンドンに戻り、英軍十字章の授賞式に出席せよという命令でした。

ビオンにとっては、まさかの勲章でした。バッキンガム宮殿での式典で、その勲章を受け取ったのは、わずか六十人くらいの将兵であり、ビオンはその中でひときわ目立つ最年少だったのです。宮殿の外で待っていた母親に、二十歳の少尉ビオンは軍帽を脱いで振ります。

再会は束の間で、ビオンはワーテルロー駅に戻ります。ドイツ軍の巻き返しが報じられる中で、駅構内は動員される兵士たちで満ちていました。

歩兵小隊長としてのビオンは、自分が戦車隊として訓練されていたので、常に違和感を感じていました。その上、二つの軍功も重荷だったのです。戦局は一進一退のまま、ビオンは二十一歳で中尉に昇進します。中尉の中では最古参でした。

一九一八年八月、アミアンの近くで大規模な戦闘が開始されます。この戦いで自分が死に、戦死の電報が届いたときの両親の悲嘆をも、ビオンは想像します。味方の戦車が進撃する間、ビオンたちは砲弾の穴に身を潜めます。ドイツ軍の砲弾が雨あられと降り、戦場に煙がたち込める中で、ひとり二人と倒れます。最後には、ビオンは自分がどこにいるかも見失いました。

気がつくと砲声はやみ、闇のような煙がなくなり、陽が射すのが見えました。それはビオンがル・アーヴルに上陸して以来、イギリス軍が初めて手にする勝利でした。失った兵力は三分の一以下で、ビオンは軍隊が列を保って進軍する光景を、これも初めて眼にするのです。

このあとの短期休暇でビオンはロンドンに戻ります。旧知の人と会っても何かが違うと感じるほど、自分が変わってしまったことを実感します。母親との再会も、気持が通じ合わないまま、列車のデッキで母に別れを告げます。予感したとおり、これが最後の別れになってしまいました。母親はこの血塗られた戦争が終結する数ヵ月前に死去したからです。

原隊に復帰したビオンの部隊は、ブランジーに陣を布いていました。今や戦局は連合軍に有利であり、ビオンも余裕を感じます。しかも階級も大尉になり、あまつさえフランス軍がレジオン・ドヌール章を贈ったため、英軍十字章の上に赤いリボンまでがつけられたのです。

戦争の終結は、一九一八年十一月十一日の十一時と伝えられたときも、ビオンたちは半信半疑でした。その前の五分間に、すべてのドイツ兵が自らの武器を捨てるのを、ビオンたちは驚きの眼で眺めたほどです。

四年にわたるこの戦争で、敵味方合わせて六千五百万人が戦い、うちイギリスは六百万人の将兵を動員しました。失われたイギリス軍の命は九十万に達したのです。

クリスマスのあと、復員が開始されます。ロンドンに帰り着いたビオンは、この戦争で学んだことは、自分の能力も勉学も訓練をも超えた〈責任〉だったと痛感するのです。

精神分析医になる決意

復員の翌日、ビオンはオクスフォード大学に赴きます。パブリック・スクールでのラグビーと水泳の実績に加えて、二つの勲章は合格を認められるのに充分でした。ビオンはここで歴史学を専攻します。一九一九年にクイーンズ・カレッジにはいって、近代史を学びます。カント哲学の指導教官に影響されて、哲学にも親しみます。歴史と哲学という二分野が、その後のビオンの知性の基礎になるのです。

一方でスポーツにも打ち込み、水泳部のキャプテンとして、大学対抗試合で準優勝に導きました。ラグビー選手としても活躍し、一九一九年の大学対抗では決勝まで進出したのです。このとき膝の半月板を傷め、途中退場したのをビオンは終生悔やみました。

一九二一年、文学士の学位を取ります。同時にフランス語とフランス文学の知識を深めるため、フランスのポワティエ大学に一年間留学します。それまでビオンはフランス語は読めても、話すのは苦手であり、フランス文学の知識も浅かったのです。

この一年間のフランスの大学での生活について、残念ながらビオンはあまり書き残していません。

一九二二年、帰国したビオンは、自分の母校であるビショップス・ストートフォード高校で教職を得、歴史と文学を教え始めます。軍隊でも大学の運動部でも賞に輝いた、牡牛のような偉丈夫である二十五歳の教師に、生徒は当初恐怖の念をいだきましたが、その知識の豊富さと教え方に魅了されます。指導した水泳部員に対する訓練法も、実に効果的なものでした。しかし人気とは裏腹に、ビオンは教職に魅力を感じなくなります。あるとき、可愛がっていた男子生徒の母親が、息子に性的虐待をしたと校長に訴えたのです。弁明も空しく、校長から即時解雇を言い渡されます。

教職を去ったビオンが、ロンドンのユニヴァーシティ・カレッジに入学したのは二十七歳のときです。医師であると同時に精神分析医になろうと決意しました。オクスフォード大学での成績がぱっとしなかったので、医学部入学を認めてもらえるのか心配でしたが、ここでも軍隊での功績が評価され無事に入学します。

医学部では水を得た魚のように生き生きと過ごしました。教授陣も著名かつ優秀な先輩ばかりです。その中でも、英国王ジョージ五世の主治医である外科の教授の技量と人柄に魅了されます。患者から症状を聞き取る姿が、誠実かつ人間味に満ちていたからです。彼には第一次世界大戦中に書いた『平和時と戦時における群の本能』という著作があり、広く読まれていました。ビオンもこれを読んで以来、集団の生き方に興味を持ちます。

三十歳になろうとしていたビオンは、ある美貌の女性と知り合い、結婚を夢見ます。しかしまだ勉学の途上にあり、お金もありません。結局、別離を選択します。後日この女性が海辺で恋人といるところを目撃し、殺してやりたいくらいの憎しみを感じます。

勉学のかたわら、ある精神療法家から治療も受けました。治療費は、軍隊時代の貯金から払ったのですが、すぐに底をつき、友人から三十ポンド借金、それも足りなくなり、精神療法家自身から七十ポンドを前借りします。合計百ポンドの負債を負う結果になりました。

するとこの精神療法家は、ビオンにひとりの患者を紹介しました。将軍の息子であり、治療はその後七、八年、ビオンが私的なクリニックを開業するまで続きました。これによってビオンの生活がひと息ついたのはもちろんです。

一九三〇年、ビオンは内科医と外科医の資格を得ます。軍隊での勲章と大学での学士に加えて、王立外科学会医師と王立内科学会医師の称号も手にしたのです。

にもかかわらずビオンは、医学部に残って学究の道を選ぶのではなく、精神科医として開業する道を選択します。しかし開業医は、財政面でビオンの意に沿わない面もありました。ある名士が患者を紹介してくれたのはいいのですが、治療代つまり収入の一部を口きき代として要求するのです。一事が万事で、ビオンは開業医の裏の側面が気に入らなくなります。

三年後の一九三三年、タヴィストック診療所に職を得ます。精神医学や精神分析の教育を受けていなかったため、当初は助手として働きました。

一九二〇年に開設されたこのタヴィストック診療所は、外来患者のみを扱っていました。私立ではあったものの寄付金や公共の援助もあって、診察費の高い私的なクリニックには行けない患者を受け入れていました。患者の多くは砲弾ショックなどの戦争神経症で、今でいう心的外傷後ストレス障害（PTSD）でした。治療法としては、一般医学と精神医学、精神分析が混淆したもので、患者の現在の症状と過去における原因につながりを見出す方法でした。

ベケットの治療から発見したこと

一九三四年、駆け出しの精神科医・精神療法家になったビオンは、将来のノーベル文学賞受賞者サミュエル・ベケット（一九〇六―一九八九）を、患者として治療する機会に恵まれます。ベケットはこのとき二十七歳の若者で、反復する身体的不如意に見舞われていました。故郷ダブリンの主治医は心身症だと判断して、ロンドンで精神療法を受けるように勧めたのです。

こうしてアイルランドからも、過保護な母親からも逃げ出すことができたベケットは、ロンドンに移り住み、ビオンの治療を受けます。二年足らずで治療は終わりますが、これによってベケットは、終生精神療法や精神分析に関心を持ち続けます。一九三七年にはフランスに移住し、翌年早くも最初の長篇小説『マーフィ』を書き、一九四五年以降はフランス語で執筆するようになります。一九五二年の戯曲『ゴドーを待ちながら』で、作家的地位を確立します。外的存在を失ったあとの人間の内面を描く特異な境地を拓き、一九六九年のノーベル賞受賞に至るのです。精神療法家ビオンとの出会いが、その後の作品の方向性を決定したのは確かでしょう。

二人がその後再会した記録はなく、文通をした形跡もありません。もちろんビオンにしてみれば、患者のプライバシーに関することですから、ベケットについて何も書き残さなかったのは当然です。

私自身は、この二年間の治療で二人がそれぞれ受けた感慨は、その後の職業生活に深い陰影を残したと考えています。そしてたぶん、お互いに相手の作品を読んでいたと思われます。ビオンの精神分析家としての職業、そしてベケットの作家としての職業、その二つへの刻印とは、言葉の不到達性、言葉では世界も人間の内面もすくいきれないという、悲しくも重たい実感だったはずです。

ベケットが終生表現したのは、世界と心をすくいきれない言葉の不完全性でした。駄洒落や言葉遊びを多用するのも、ベケットの策略です。例えば次のような文章があります。

Comment c'est（これどうして）

Comme on sait（知ってのとおり）

Commencez（始めなさい）

発音は全く同じなのに、字面は異なり、意味も当然違ってくるのです。

ベケットにとって作品世界は、何かを描くのではなく自分が身を置く世界と同価値でした。こんな逸話が残っています。

ある編集者がベケットに、ある画家の作品について何か書いてくれないかと頼んだそうです。その画家をベケットが高く評価していたのを知っていたからです。ベケットは熟考の挙句こう答えました。

――私は何かについて書くことはできない。

これはベケットの心底からの叫びでしょう。ベケットの作品は何かについて書かれたのではなく、作品そのものが宇宙なのです。

また別のエピソードもあります。これは有名な『ゴドーを待ちながら』の初演に向けて、役者たちが稽古をしていたときのことです。現場にはベケットが臨席していました。役者たちは書かれた科白《せりふ》をそのまま口にしていましたが、我慢しきれなくて一同揃って作者に訊いたのです。

「この科白、全体としては、どういう意味なのでしょうか」

返事は「字面どおりに言えばいいのです」でした。

これで何とかリハーサルは進みますが、またしても役者たちに困惑の色が走ります。そして、再び質問します。

「はい、あなたのおっしゃるのは分かりますが、結局これは何を意味しているのでしょうか」

ベケットの返事は、前回同様、「字面をそのまま口にしなさい」でした。

これこそベケットが行き着いた世界であり、対話の行き違い、ずれ、コミュニケーションの不成立、もっと言えば意味の拒否によって作品ができ上がっていたのです。作品そのものが曖昧さの世界でした。

これは、意味を求めない抽象画や音楽の世界と似ています。もっと深い人間の奥底に到達するには、表層的な意味を拒否するしかないのです。

ビオンも、二年間に及ぶ治療の中で、言葉の限界性、コミュニケーションのずれに気がついたのではないでしょうか。ありきたりの言葉では、ベケット同様、心の内に入っていけないもどかしさを感じた可能性が大です。つまり通常の精神療法、精神分析の対話では、二人のやりとりが表層に留まってしまう何かを察知したのです。

言葉は奥深いところから発せられないと、表面で矢尽き刀折れるという実感です。治療者と患者の間で交わされる言葉は、もっと新鮮で深みと闇を伴うべきではないかという反省でもあります。

そこからビオンの着眼は個人療法よりも、集団療法のほうに傾いていったのだと思われます。集団のやりとりでは、思いがけない闇が、交わされる言葉の間から見えたりするからです。

不可解さに性急に結論を与えず、神秘さと不可思議さに身を浸しつつ、宙ぶらりんを耐えぬく力、ネガティブ・ケイパビリティに行きついたのも、出発点が若い頃のベケットとの出会いにあったからでしょう。

その意味では、二人の巨匠の若年での邂逅は、人生の大きな転回点になったのです。

第二次世界大戦と精神疾患

ビオンはこのあと一九三七年から、ジョン・リックマンの教育分析を受け始めます。精神分析医になるためには、自分自身が長期にわたって先達から精神分析を受けなければなりません。この教育分析は第二次世界大戦の開戦によって中断され、それっきりになります。リックマンの分析に不満を感じたビオンは、それでもこの分析に耐えました。この忍耐力が十年後、女傑であるメラニー・クラインの教育分析を八年間にわたって受ける基礎になったと思われます。

やがて一九三九年第二次世界大戦勃発、ビオンの二度目の従軍は、精神科医としてのチェスターにあるデイヴィッド・ヒューム陸軍病院勤務です。第二次大戦で、将兵がかかる最大の病気は精神疾患でした。これが精神科医の重要性をいやが上にも高める契機になったのです。大戦前の陸軍病院には、わずか二人の精神科医と五、六人の精神科研修を受けた医師がいるのみでした。これが大戦末になると、精神科医は三百人以上に増員されていました。

今や精神科医の任務は、将兵が精神疾患にかからないようにする予防、そして罹患者の治療、加えてその後のリハビリテーションと、拡大しました。この流れが第二次大戦後の英国精神医学を決定づけたのです。

軍隊における精神科医の役割のもうひとつに、新兵の適性検査がありました。適性を見分けるには、試験のような書式のテストや面接が存在しました。ビオンはそれは現実を反映しないと見て、画期的な方法を考案します。これが「リーダーなしの集団」です。

例えば八人から九人の応召兵なり志願兵を一組として、橋を造るという課題を与えます。もちろん何の指示も与えません。組の各員はそれぞれ互いに役割を決め、協力しながら架橋するしかありません。この集団の動きと個人の相互関係を観察して、適性を決定するのです。これは数々の試験を課すよりも、簡便かつ実際的な方法として高い評価を受けます。

その後ビオンは、外傷神経症の将兵を受け入れているノースフィールド病院に移ります。ここでは患者のリハビリテーションが主として行われており、ビオンはさっそく、「リーダーなしの集団」の方法を応用しようとします。

ビオンが最初の妻ベティと結婚したのは、大戦勃発の頃で、妻の承認を得てノルマンディー作戦に従事します。妻が無事に女児を出産したとの知らせを受けたのはノルマンディーにいたときです。胸を撫でおろしたのも束の間、三日後の電話はベティの死亡を告げたのです。ビオンにとって、第二次世界大戦は妻の死に重なりました。そのうえ、精神科医として従軍した大戦中、ビオンは階級も上がらず、兵士として応召して勲章をもらった第一次大戦とは違って、何の戦功も立てませんでした。

戦後は郊外に家を借ります。妻の両親に娘の世話を頼み、ロンドンのハーレイストリートのひと部屋で診療を開始します。生計をたてるため、土曜日曜もなく働きます。同時に、タヴィストック診療所にも非常勤で勤めます。

メラニー・クラインから教育分析を受ける

精神分析研究所にも所属し、やがてメラニー・クラインから教育分析を受け始めます。クライン女史はこのとき六十三歳、英国の精神分析学会の重鎮でした。教育分析は八年間続きます。

一方タヴィストックでのビオンの試みは、やはり集団治療でした。患者集団ではなく、さまざまな領域の治療者の集団である点が画期的です。しかもそこには何の取り決めもなく、ただ治療集団の中で起こる事象を観察するのが目標なのです。

一九四八年、ビオンは正式に英国精神分析協会の会員に認定され、ロンドンで新たに分析医として開業します。五十一歳ですから遅い出発です。

一九五〇年、ビオンはタヴィストック診療所で助手として働いていた寡婦であるフランセスカと知り合います。フランセスカはビオンよりは若く、音楽の才があり、歌手としての教育も受けていました。二人は翌年結婚、ビオンは父親の旧宅を売却して、より広くて美しい家をレッドコートに買い求めます。夫婦には一九五二年に男の子、五五年に女の子が生まれました。

五六年にはロンドン精神分析クリニック所長になり、一九六〇年にメラニー・クラインが死去したあと、一九六二年には英国精神分析協会会長の重職などを歴任するのです。余りの激務のため、この間、地下鉄の車中で倒れ、二週間、病院に入院したほどです。

こうした要職にある間、ビオンは次々と著作を発表します。そのいずれもが、精神分析協会の会員を当惑させる難解さと曖昧さを持っていました。しかしこれはビオンが意図した結果であり、ビオンが重視したのは、あくまでも思考の流れと動きでした。

このためにビオンが創出した概念が、α要素とβ要素です。α要素は言うなれば現象であり、β要素は自己の総体です。このβ要素は、きちんとした思い出というより、未消化の諸事実を指すのに対して、α要素は消化可能で思考に栄養を与えます。

こうした流動的な物事のとらえ方こそビオンの特徴と言えます。動きようのない定理や教則をビオンは徹底的に嫌ったのです。思考も行動も、自由連想のように流動的であるべきだと考えたのです。何かしら確固たる教えが欲しい後輩の協会の会員たちが、難解だと当惑したのは当然の結果です。

一九六〇年代の終わり頃から、メラニー・クラインに興味を持った米国ロサンゼルスの精神科医たちが、主だったクライン派の分析医たちを招待し始めます。第三波の招待がビオンに届いたとき、招待者たちは、できれば一生ロサンゼルスに住んで欲しいとまで提案してきました。

メラニー・クラインが一九六〇年に死去したあと、クライン派の主として振舞い続けるのを嫌っていたビオンは、要請を喜びます。一九六八年一月二十五日にロンドンを発ちます。カリフォルニアの空はロンドンと違って、どこまでも澄んで青く、篠つくにわか雨は、幼い日のインド・パンジャブ地方の雨を思い出させました。ビオン七十歳のときです。

米国はこの頃ベトナム戦争で騒がしく、学生運動も盛んで、人種問題にも火がついていました。

ネガティブ・ケイパビリティを精神分析に適用

ロサンゼルスに居を定め、ビオンは招きに応じて南米にも講演や講義に足を延ばしました。精神分析医として開業もし、患者を治療します。

その過程で生まれたのが一九七〇年刊の『注意と解釈』でした。その第十三章の「達成の前奏もしくは代用」の冒頭で、ビオンはいみじくもキーツのネガティブ・ケイパビリティを初めて引用しました。

この章でビオンが論じているのは、精神分析の実際がどう進められるべきかです。鍵概念としてビオンが選んだのは〈達成の言語〉でした。分析で交わされる言語は、行動の前奏や前兆としてではなく、行動の代用物の水準にまで高められなければならないと警告したのです。つまり分析で発せられる言葉は、手で殴ったり、足で蹴ったりする行為と同じくらいの、行動としての達成度を持つ必要があると説きます。

精神分析では、分析者と患者が対峙し、言葉が交わされます。そのとき、双方それぞれに、〝ものの見方〟というものがあります。ビオンはこの〝ものの見方〟を忌避します。あまりにも固定した一方的な視点だからです。その代わりに、〝頂点〟という用語を選びました。山の頂を想像して下さい。展望が周囲に開けています。〝ものの見方〟よりはもっと広い視野を持ち、焦点もあちこちに浮遊できます。

お互いにこの〝頂点〟を持った人間と人間が言葉を交わすのが精神分析です。そこに起きる現象、さまざまな感情や様々《ようよう》の表現のどのひとかけらでも見逃してはなりません。それでなければ、達成の言語とは言えなくなります。

このとき分析者が保持していなければならないのが、キーツのネガティブ・ケイパビリティだと言い切ったのです。

キーツがネガティブ・ケイパビリティを持ち出したのは、詩人や作家が外界に対して有すべき能力としてでした。ビオンは同じく、精神分析医も、患者との間で起こる現象、言葉に対して、同じ能力が要請されると主張したのです。

つまり、不可思議さ、神秘、疑念をそのまま持ち続け、性急な事実や理由を求めないという態度です。

そしてこの章の末尾で、ビオンは衝撃的な文章を刻みつけます。ネガティブ・ケイパビリティが保持するのは、形のない、無限の、言葉ではいい表わしようのない、非存在の存在です。この状態は、記憶も欲望も理解も捨てて、初めて行き着けるのだと結論づけます。

これは精神分析に対する根源的な問いかけでした。学問というのは、記憶と理解が基本をなし、こうしたいという欲望もその中に詰まっています。それを捨ててこそ、浮かばれるというのですから、ある人々にとっては衝撃だったでしょう。

しかしビオンの心情はよく分かります。精神分析の大御所として、多くの若い分析家に接する機会の多かったビオンは、ある種の危惧を抱いていたのだと思います。精神分析学には膨大な知見と理論の蓄積があります。若い分析家たちはその学習と理論の応用ばかりにかまけて、目の前の患者との生身の対話をおろそかにしがちです。患者の言葉で自分を豊かにするのではなく、精神分析学の知識で患者を診、理論をあてはめて患者を理解しようとするのです。これは本末転倒です。

記憶も理解も欲望もなくと言ったビオンの指摘は、実に大切なところを突いています。なまじっかの知識を持ち、ある定理を頭にしまい込んで、物事を見ても、見えるのはその範囲内のことのみで、それ以外に広がりません。

患者が発する言葉、ちょっとした振舞いにしても、精神分析学の記憶や理解があると、それは理論的にはこれこれにあてはまると簡単に片づけ、ありきたりの陳腐な解釈になってしまいます。

ビオンは、解釈とはそういうものでない、もう少し開放的で新鮮味に富み、新しい境地に踏み出すような力を有するべきだと説いたのです。

ネガティブ・ケイパビリティは甦る

こうして、キーツが生涯かけて発見したネガティブ・ケイパビリティの概念は、百七十年後、ビオンによって見事に甦りました。しかも活躍の場も一気に拡大したのです。

ビオンがいなかったら、キーツが生涯に一度だけ、弟たちに宛てた手紙の中に書き記したネガティブ・ケイパビリティという言葉は、おそらく永遠に埋もれたままになっていたでしょう。ビオンという単に医師、精神分析医だけにとどまらず、歴史や哲学、文学を修めた教養人であったからこそ、キーツの吐いた言葉に眼をとめ、精神医学の分野で蘇生させたのだと思われます。

私はここに何か眼に見えない、人智を超えた力が働いているように感じるのです。誤解を恐れずに言えば、神の手の作用を感じてしまいます。

ロサンゼルスを拠点にしたビオンは、その後もブラジルやアルゼンチンを何度も訪れます。アマゾン川の上を飛んだときには、子供時代にインドのデリーで眺めたガンジス河を思い出しました。もちろん実際にインドにも行く機会がありました。

一九七三年以降は、夫人のフランセスカも同行して、よき秘書ぶりを発揮します。そのおかげで、南米での講義や対話は、時を経ずして、ロンドンで刊行されました。

一九七五年、ブラジリアで行ったセミナーの第十一回目の最後でも、ビオンはキーツのネガティィブ・ケイパビリティに言及しています。

キーツが指摘したとおり、シェイクスピアの偉大さは、性急な確実性を求めずに、神秘さや未分化の真実に耐えられたからだと強調します。精神分析医は、患者の圧力で、問題に対してすぐに結論を出しがちです。その問題とはたいていの場合、漠然としていて、摑みどころがなく、目の前で解けないような事柄であるにもかかわらずです。

その点、子供は見たままま感じたままを口にし、振舞い、絵に描きます。その絵の中には、大人が見ることも、理解できそうもないことが描かれています。それに対して、何か定義をし、解釈を与えるのは僭越ではないかとビオンは言います。まさしく、そのとき子供には記憶も欲望も理解もないからです。


ビオンの三人の子供のうち、長女のパルテノテはイタリア人音楽家と結婚し、イタリアで精神分析医になります。長男のジュリアンは医師、次女のニコラは言語学者になりました。

結局ビオン夫妻は一九七九年までカリフォルニアに住み、八月末英国に戻ります。晩年こそは、二人の子供の近くに住みたかったのかもしれません。そこでまた診療所を開く準備をしていた矢先、急性骨髄性白血病にかかっているのが分かります。ジョン・ラドクリフ病院に入院、十一月八日死去します。わずか帰国後二ヵ月しか経っていませんでした。享年八十二でした。

遺体はロンドンの北東、北海を臨む絶壁に近いハピスバラに葬られました。思春期の頃から、このノーフォーク州の地には魅せられていたからです。

セラピー犬、心くんの「分かる」仕組み

ネガティブ・ケイパビリティを培《つちか》うのは、「記憶もなく、理解もなく、欲望もない」状態だという、ビオンの断言は衝撃を与えます。

なぜなら、幼い頃から私たちが受ける教育は、記憶と理解、そしてこうなりたい、こうありたいという欲望をかきたてる路線を、ひた走りしているからです。

それを後押ししているのは、実を言えば教育者ではなくヒトの脳です。

私たちの脳は、ともかく何でも分かろうとします。分からないものが目の前にあると、不安で仕方ないのです。

私の家には「心《しん》」という名の柴犬がいます。雄で九歳です。二ヵ月半の頃から毎日診療所に連れて行き、フルタイムで働き、現在まで一日も休んでいません。ペット・セラピー犬ですから、餌代やワクチン代その他も必要経費として税務署によって認められています。つまり餌代も自分で稼い

でいるのです。その代わり、スタッフと同じく出勤簿は作成しておかねばなりません。心くんの場合、ハンコとして小さな犬の足跡のゴム印をおしています。

この心くんが、犬の分際でよく分かるのです。泣いている患者さんがいると、心配気に寄り添っています。患者さんが途切れて、待合室にひとりもいなくなると、これまた心配そうに寝ころんで入口を見つめています。足の弱った高齢の患者さんが入口でもたもたしていると、早くはいれと言わんばかりに、ワンワンと吠えて却ってまごつかせるのです。

大まかに言って、若くてきれいな患者さんが好きで、すぐ近寄ります。中年の患者さんでも、心根のやさしい人は好きなようです。犬や猫を飼っている患者さんも、臭いで分かるのでしょう、すぐになつきます。

自宅に訪問した客は、一度会ったら覚えているようで、二、三年後にも「よう来たね」といった顔で大歓迎します。

散歩の途中、一度大きな犬が姿を見せて吠えかかった家がありました。以来その道は通らないようにしていました。何年か経って試しにその家に通じる路地にはいり、くだんの家の前を通ったとき、警戒するように身構え、じっと家の中をうかがっていました。大きな犬は死んだのか、そのあと何度通っても、犬の気配はありません。しかし心くんは決して警戒を怠らないのです。

心くんはまた、私が学会か何かで旅行のためスーツケースを持ち出すと、ソワソワと落ちつかなくなります。しばらく家を留守にするのが分かっているのです。心くんには、たいした芸は仕込んでいません。唯一、人に自慢できるのは、右左が分かることです。右左が分かる犬は、世界中にもそう何頭もいないはずです。

心くんは三ヵ月の頃から、私の前を歩かせて散歩させていました。角を曲がるたび、右、左、真直ぐと声をかけてそのとおりにさせていたのです。すると、三歳頃から、その掛け声だけで、右、左、真直ぐと、道を選んでくれるようになりました。

この心くんの成長と行動を観察していると、「分かる」ことの仕組みがよく理解できます。動物の脳は、「分かる」ために発達を重ねてきているようです。

「分かる」基盤を成しているのは、とにもかくにも記憶でしょう。記憶がなければ、分かりません。

この記憶には二とおりあって、ひとつはその種に代々受け継がれている本能です。種の記憶と言い換えてもいいかもしれません。

例えば、泣いている患者さんに心くんが寄り添っていくのは、心くんが獲得した慈悲的行動だとはとても思えません。犬という種が獲得した記憶の成果でしょう。

犬や猫を飼っている人に心を許して寄っていくのも、臭いによって本能が呼び覚まされ、親近感を抱くのだと解釈されます。若くてきれいな人を好きになるのも、知覚に訴える好ましいものが本能を覚醒させるのかもしれません。

これに対して、一度好きになった患者さんの足音がすると、餌を食べていても中断し、さっとドアのほうに駆けよって行きます。これはもう本人が獲得した記憶です。一度家に来た客も覚えていて歓迎し、「心くんよく覚えていてくれたね」と喜ばれるのも、記憶のおかげです。

たった一度吠えかけられた家の前では、何年にもわたって警戒するのも、出来事を記憶していたからです。

この記憶と「分かる」の間に、記号が介在すると、より効率的になります。私がスーツケースを用意したとたん、心くんが落ちつかなくなるのは、スーツケースが、旅行での不在を表わす記号になっているからです。外出の服装に着替えると、玄関に先回りして待ち構えているのも、服装が記号化している証拠でしょう。

記号として最大の力を発揮するのが言葉です。心くんが右、左、真直ぐの言葉で、進む方向を変えるのは、全くもって言葉の力です。

餌がほしいときなど、「これがいる（ほしい）人」と言えば、右前足をちょこんと上げるのも、長年の訓練の賜物です。

犬よりも前頭葉を発達させたヒトでは、「分かる」ためにこの記号を大きく発展させました。

文字や数字、符号、図形などです。絵文字もそうでしょう。理解を深め、互いが分かり合うために、ヒトは営々と仕事をしてきたのです。

記号の他にも、分かるために種々の工夫がなされます。本書でも、そのための工夫をしています。目次を最初に呈示して、全体像を示し、章分けで論点を整理し、各章もなるべく筋が通るような叙述を心がけています。

本書にはありませんが、地図を添えていたとしたら、これは全体像を分からせるためです。江戸時代の絵地図を見ると、例えば筑後有馬領の古地図は、まるで航空写真のような詳しさがあります。川は水色、道は赤線で描かれ、一里毎の印もつけられ、距離さえ分かります。各郡は色分けで区別され、すべての村名が丸囲みで記入されています。山間部になると、山の線が幾重にも重なっているので山林だと分かります。

江戸時代に使われていた漁具や農具も、絵が残っているので一目瞭然です。千歯こきなどは、農民が仕事をしている絵も添えられているので使い方も分かります。現代で言えば製品の解説書と同じで、その仕組みを図入りで説明しています。

その他にも、理解を助ける工夫として、漠然としたものに一貫した法則を見出して分かりやすくするやり方もあります。漢和辞典の冒頭に掲げられている部首による分類法や、字画による並べ順がそうです。

私たちも、あるわけの分からない対象物を前にしたとき、何とか分かろうとします。生物を動物と植物に分けて、二つのまとまりにするやり方も、分かるための便宜です。数字がランダムに並べられているのを見ると、何かいらだちますが、3の倍数が羅列されている隠れた規則に気がつくと、どこかほっとします。脳が分かりたがっている証拠です。

マニュアルに慣れた脳とは？

分かりやすくするための最大の便利帳が、マニュアルでしょう。

マニュアルはたいていの接客業で作成されています。店に来店する客層は、てんでバラバラです。老若男女の別だけでなく、社会的地位や職業もさまざま、これに個性を加えると、接客の仕方はそれこそ無限にあります。場面によっても異なってきます。

新人教育の際は、適当にやって下さいでは教育になりません。場面場面に応じた対応の仕方、言葉づかい、仕草、笑顔の作り方、お辞儀の仕方などをマニュアル化しておけば、教えられる側も楽になります。マニュアルどおりにしておけば、ともかく及第点はとれます。

とはいえ、このマニュアルが客を当惑させる事態も生じます。例えばパソコン操作のマニュアルは、びっくりするほど馬鹿丁寧で長ったらしいです。若い人ならしっかり読み込むでしょうが、年配者にとっては却って理解が困難になります。細大漏らさず、間違いが起きないように、老婆心いっぱいの説明書ですので、何が重点かが分かりにくくなります。

大きな字で、要点のみズバズバと書いてもらったほうが、高齢者にはありがたいのです。

こういうこともありました。書店で全集もの七巻を持ってレジに行ったとき、研修生の名札をつけている若者が、何か長ったらしい科白《せりふ》で質問してきたのです。聞き返すと、「これらの本の中で、カバーをおつけしたほうがよい本はございますか」でした。「いりません」と答えたのはもちろんです。

カバーが必要かどうか知りたいのなら、ひと言「カバーはつけますか」と尋ねればいいのです。それをマニュアルどおりに口にするので、魂がはいらず、相手はキョトンとしてしまうのです。パソコンの詳しい説明と、心がこもっていない棒読みの応待は瓜二つと言っていいでしょう。マニュアルによって、脳が悩まなくてすんだ結果が、本来のサービス精神を忘れたやりとりになってしまったのです。

地震や火事のような緊急事態に備えても、マニュアルがあれば、もう脳はあれこれと悩まなくてすみます。すべてが分かったものとして、一大事のときも失態なく切り抜けられます。

ところがマニュアルにない事態が起こったとき、マニュアルに慣れ切った脳は、思考停止に陥ります。まるでプログラムされていない事象が生じたときのコンピュータのように、作動停止してしまいます。

ネガティブ・ケイパビリティを獲得するためには、記憶も理解も欲望も妨げになると、ビオンが言った背景には、精神分析学会におけるこうしたマニュアル第一主義に対する懸念があったのだと思います。

前章でも触れたように、精神分析学には蓄積された膨大な理論があります。こういう症状の裏には、こういった生育史が抽出できる。こういう事態は、これこれの治療段階でよく生じ、これこれの理由によるものだ、といった具合です。

これらの定理を頭に入れておけば、目の前に生じた事象も、患者の症状も、迷わずに理解できます。理論をあてはめればいいだけの話です。本人は一向に悩む必要はありません。一種のマニュアル化です。

これをビオンは嫌ったのです。これでは、生の患者と生の治療者との一期一会の出会い、交わされる言葉の新鮮さと重みが、台なしになってしまうと危惧したのです。

画一的思考が遅らせたピロリ菌の発見

私は、分かっているつもりの画一的思考が陥った例として、ピロリ菌の発見をよく思い出します。

慢性胃炎と胃癌の原因とされ、日本人の二人にひとりが持っているピロリ菌が発見されたのは、一九八三年オーストラリアの二人の医師によってです。ヒトの胃から採取したらせん状の細菌の培養に成功したのです。

酸性である胃の中で生息する細菌がいることは、その百年前から散発的に報告されていました。しかし一九五〇年代になって米国の病理学の大御所が千人以上の胃の生体標本を調べ、細菌は発見できなかったと報告して以来、三十年の長きにわたって、胃酸環境内無菌説が信奉され続けました。当時、胃の内視鏡が最も発達して、よく使われていたのは日本でした。ですから、国内の何千人もの消化器内科の医師たちは、日々、患者の胃の中をのぞいていたはずです。胃液を採取して顕微鏡で検鏡した医師も、何百人かはいたでしょう。たまたま何か細菌のような物体を見ても、これはゴミか、アーチファクト（人工産物）だと見なして、それ以上の追求はやめていたと考えられます。まさしく大御所の間違った高説を記憶し、理解し、さっさと片づけたいという欲望が、ピロリ菌の発見を遠ざけたと言えます。

ビオンが、記憶も理解も欲望もなく、と強調するのは、そういう落とし穴に気づいていたからでしょう。

ビオンの主張に似た話として、古代中国の『荘子』に混沌があります。

あるとき混沌という神が、南海の神と北海の神を呼んで、大いにご馳走をしてやりました。宴が終わり、満足した南北の神は相談して、返礼として目鼻を贈ることにしました。というのも混沌には目も口も鼻も耳もなかったのです。混沌が寝ている間に、二人の神は、鼻の穴を二つ、口をひとつ、目を二つ、耳の穴を二つあけました。やっと目鼻がついたと南北の神は大喜びしたのですが、そのときはもう混沌は死んでいました。

行き過ぎた知性化が、何か大切なものを殺してしまうという教えでしょう。

私が三十年近く友誼をいただいている方に、神経心理学者の山鳥重《あつし》先生がいます。脳と心のつながりという極めて微妙な問題を、分かりやすい言葉で解き明かしてくれます。

脳が理解する、分かるのはどういうことかについても、素晴らしい記述があります。

山鳥先生によれば、分かるといってもその水準はさまざまで、浅い理解と深い理解があるといいます。浅い理解でとどまりやすいのは、重ね合わせ的理解です。いわゆる小さなこまごまとした理解を積み重ねて、大きな理解を目ざします。しかし現実は、そううまくいくものではなく、いくら積み重ねても断片のままで残っているのが実情でしょう。前に述べたピロリ菌の発見も、何千人何万人何十万人という内視鏡検査の蓄積があっても、不可能だったのです。

これに対して、山鳥先生は発見的理解を推賞します。これには既存の理解や教科書は、あまり役に立ちません。自分で発見していくしかないかたちの理解です。それには自然というモデルが参考になります。自然にはマニュアルがありません。自然の解明の足がかりとして立てられるとしたら、自分の考えた仮説くらいです。

この仮説に沿って自然を観察し、うまく説明できるかどうかを検証します。この検証には到達点がありません。不断に検証を自ら重ねることによって、深い理解、発見的理解に到達します。

この山鳥先生の見解は、そのままキーツのネガティブ・ケイパビリティを想起させます。キーツは詩人や作家が、ヒトを含めた自然と対峙したとき、今は理解できない事柄でも、不可思議さや神秘に対して拙速に解決策を見出すのではなく、興味を抱いてその宙吊りの状態を耐えなさいと主張します。ヒトと自然の深い理解に行きつくのには、その方法しかないのです。そうやって得られた理解は、その本人にとっての地図になり海図になるのでしょう。

キーツがそれまでにない深いかたちで古代を描いた長詩を書き、また現世的な恋愛詩を書くことができたのも、そのおかげでした。

分かりたがる脳は、音楽と絵画にとまどう

分かりたがる脳が、何やらわけの分からないものを前にして苦しむ実例が、音楽と絵画で見られます。

例えばクラシック音楽を初めて聴いたときなど、多くの人は「分からん」と言ってサジを投げます。しかしもともと音楽など分かるはずはなく、分からなくていいのです。味わうだけです。雄大な景色を味わうようにして、そこに身を浸せばいいだけの話です。晴れた日の山頂からの景色を見て、「分かった」と言う人はいないはずです。

もともと音楽は、分かることなど前提としていません。答えが出ないものへの不断の挑戦と言っていいでしょう。愛児を失ったどうにもならない悲しみ、あるいは恋人を得たときの喜びを、歌詞や人の声、打楽器や管楽器、弦楽器がそのまま歌い上げます。答えを出してはおしまい、というような深みを音で追求していきます。分かることを拒否して、そのずっと奥の心のひだまで音は到達して、魂を揺さぶるのです。

分かることを拒否する点では抽象画も似ています。例えば、南仏のアンティーブでアパートから身を投げ、四十一歳で死んだニコラ・ド・スタールの「サッカー選手」と題された一連の作品があります。赤や黄や白、黒や紺のブロックのかたまりが、せめぎ合っているような画面です。サッカーを描くのであれば、数人がボールを取り合う写真が一番手っ取り早いのでしょうが、ド・スタールの絵は、確実に写真を超えて、そのせめぎ合いが伝わってきます。色と色のブロックがぶつかっているところに、汗が飛び散り、周囲の色からはサポーターの声援も聞こえてきそうです。絵を前にして、見る人はサッカー場にいる錯覚がします。画家の興奮がこちらにも伝わり、応援したくなるような色と形、筆のタッチなのです。

分かることを拒否したうえで、さらなる高みで感覚に訴えるのが抽象画です。脳はまたそこで、自分が一段と進化した喜びを味わっているのかもしれません。

簡単に答えられない謎と問い

もうひとつ、最近心に残った随筆に、作家黒井千次氏の「知り過ぎた人」があります。

黒井氏は若い頃、某新聞の書評委員を務めていました。月二回ほどの会合に十数名が集まり、誰がどの本の書評を書くか決めるのです。その会合で、あるとき高名な大作家が、若手の文芸評論家で博覧強記で知られた大学教授に、ある質問をしたそうです。すると例によって外国語にも堪能なその教授は、即座にそれはこうこうですと答えました。こんなやりとりが何回も続いたため、大作家は「俺はもう、あんたにはものを訊ねないよ。何を訊いても知らないことがないのだから、つまらないよ」と、半ば冗談めかして言ったのです。

黒井千次氏は、そこに大作家の本心を感じとった思いがしました。大作家は、相手に、自分が抱く疑問に参加し、一緒に考えてみる姿勢を期待したのに違いなかったからです。そして大作家のその言葉に、謎や未知の事柄に向き合うときの姿勢を読みとって感動したといいます。

この黒井氏の感慨はビオンが一九七六年ロサンゼルスで行ったセミナーを思い出させます。そこに「問いと答え」に関する鋭い指摘があります。セミナーの構成員はおよそ二十五人で、精神科のレジデント（研修医）や精神療法家、心理学者などでした。

セミナーの中で、ビオンはフランスの作家であるモーリス・ブランショ（一九〇七―二〇〇三）の言葉を引用しました。

ブランショは、ソルボンヌで学んだあと医学部を出た神経精神科医で、パリのサンタンヌ病院で働いたこともありました。活動の幅は広く、小説家、文芸評論家、哲学者として著作を残し、九十五歳の高齢で死去しました。

そのブランショの言葉は次のとおりです。

——La réponse est le malheur de la question.

（答えは質問の不幸である）

つまりビオンに言わせると、ブランショの指摘のとおり、答えは好奇心にとって不幸であり、病気なのです。

——The answer is the misfortune or disease of curiosity——it kills it.

（答えは好奇心を殺す）

ビオンはそうとまで言い切ります。黒井千次氏の随筆に描かれた、大作家と少壮気鋭の学者のやりとりの本質を、見事に突いているとは思いませんか。

この短い随筆のしめくくりは、ビオンの、ひいてはキーツが主張するネガティブ・ケイパビリティと、見事に呼応します。

黒井千次氏は八十代半ばの大作家であり、日本芸術院長も務められているので、その意を尽くした文章を味わってもらうために、そのまま引用します。

それにしても、とあらためて考えざるを得なかった。謎や問いには、簡単に答えが与えられぬほうがよいのではないかと。不明のまま抱いていた謎は、それを抱く人の体温によって成長、成熟し、更に豊かな謎へと育っていくのではあるまいか。そして場合によっては、一段と深みを増した謎は、底の浅い答えよりも遙かに貴重なものを内に宿しているような気がしてならない。

全くそうです。ネガティブ・ケイパビリティは拙速な理解ではなく、謎を謎として興味を抱いたまま、宙ぶらりんの、どうしようもない状態を耐えぬく力です。その先には必ず発展的な深い理解が待ち受けていると確信して、耐えていく持続力を生み出すのです。

医学教育で重視されるポジティブ・ケイパビリティ

このように、人間の営みに極めて重要なネガティブ・ケイパビリティが、教育の分野で、一顧だにされてこなかったのは、実に不思議です。

わが国に存在する、あるいはかつて存在した教科書のどこを探しても、ネガティブ・ケイパビリティという言葉は出てこないでしょう。

これはとりもなおさず、教育とは、問題を早急に解決する能力の開発だと信じられ、実行されてきた証拠でもあります。

小学校から大学、大学院での試験、そして就職試験に至るまで、試験では問題の解決能力を調べます。そのためには、答えの出ないような問題は、はじめから用意されていません。答えを用意されている問題に、できるだけ敏速に正解を出す能力のみが試されるのです。

いきおい、学校の教育も、問題解決能力の開発に全力が傾けられます。

ことにそれが著しいのが、私が受けた医学教育です。できるだけ早く患者さんの問題を見出し、できるだけ早く、その解決を図ることが至上命令になります。あまり迷いがあってはいけません。症状から、いくつもの鑑別診断を思い浮かべ、早急に検討して、快刀乱麻、解決法を見つけるのです。これは言うなれば、ネガティブ・ケイパビリティとは反対の、ポジティブ・ケイパビリティの育成です。

診療録の記載も、SOAPに合わせて実施されます。SはSubject、患者さんの主観的な言動や症状を意味します。OはObjectで、主治医が診察や検査で得た客観的なデータです。AはAssesmentで、SとOからの判断評価です。最後のPはPlanを意味し、解決のための計画、治療方針です。

このSOAPという方法は、いわば切れ味の鋭いナイフで、患者さんの症状からいち早く問題を見つけ、解決をはかるのには実に有効です。医師だけでなく、看護師、薬剤師もこのSOAPで診療録に記載しています。

こうしてみると、実に頼もしい方法のように思えてしまいます。

ところが現実の患者さんの状態は、そう簡単に鋭利なナイフで切れるものではありません。問題が見つからない場合や、複雑過ぎる場合、そもそも解決策がない場合だってあります。

早い話、末期癌の患者さんを前にしたとき、主治医は、はたしてSOAPのナイフで患者さんを切れるでしょうか。死にゆく患者さんですから、もはや治療法は限られています。限られているどころか、皆無かもしれません。患者さんが苦しい苦しい（S）と言い、実際に傍から見ても苦悶顔です（O）。なるほどこれは、末期状態で（A）、手の施しようがありません（P）。

こうなるとポジティブ・ケイパビリティのみを身につけた主治医は、もう患者さんの傍にいること自体を苦痛に感じます。表立って何もしてあげられないからです。どうせ何もしてあげられないなら、病室を訪れないほうが楽です。受け持ち看護師に様子を見に行かせ、報告を聞くだけで、事はすみます。

しかし、これでは主治医とは言えないでしょう。

長い医学教育の過程で、医師は何が正常で何が異常かを峻別する訓練を受け、解決策を頭の中に叩き込まれます。医師は病気を見つけ、それを治療する責任があるという意識を植えつけられます。異常があれば発見し、大事に至らないうちに正常に近づけるのを天職と心得るのです。

診断名にも、未知を嫌う命名法があります。例えば、手が震える〈本態性振戦〉です。この場合、〈本態性〉は原因が分からないことを意味しています。原因が未知なので、〈わけの分からない振戦〉では、医学の沽券にかかわります。それでは都合が悪いので、〈本態性〉をつけてすました顔でいるのです。患者さんに説明しても、「その本態性とは何のことですか」と質問する患者さんは非常に稀です。双方とも〈本態性〉とつけることで分かったつもりになるのです。

終末期医療で医師には何が必要か

この態度は、身体医学だけでなく、精神医学でも同じです。人間の心理と行動に関して学び、患者さんの病的な心理や行動を正規なものに戻すのが自分たちの役目だと自負しています。ところがこうした問題解決能力が役に立たない場面に遭遇したとき、私たちは激しい不安を覚え、拠って立つ足場が音をたてて崩れていくのを体験します。

例えば終末期の患者さんを前にしたときです。日本では二〇〇二年に、診療報酬として緩和ケア診療加算が新設されました。これによって終末期の患者さんを診療する緩和病棟や緩和チームができます。

緩和チームは、身体症状を緩和する医師、精神症状の緩和を受け持つ精神科医、腫瘍関連の専門看護師から成り立っています。二〇〇七年にはがん対策推進基本計画が策定され、二〇〇九年になると、がん診療連携拠点病院すべてに緩和ケアチームの設置が義務づけられました。こうして、拠点病院の精神科医は、終末期の患者さんを診ざるをえなくなったのです。

終末期の患者さんが精神的苦痛をいだくのは、自明の理です。癌の巣窟になった身体の痛みはともかく、最も根深くあるのは、つまるところ死に対する不安でしょう。

精神科医は、死にゆく不安以外の不安には慣れています。例えば、人混みでのパニック発作です。

動悸がし冷や汗が出て、手が震え、喉がしまる感覚があり、胸が痛くなり、吐き気がしてきます。さらにひどくなると、過呼吸になり、頭がくらくらして、空気が胸にはいってこないような気がし、手足がしびれ、死の恐怖にかられ、血の気がひき、最後には失神まで起こします。

あるいは別の不安、恐怖もあります。子供時代から始まる、高所恐怖や嵐恐怖、海恐怖です。かと思えば、飛行機が恐い、犬が恐い、注射が恐い、血を見るのが恐い、エレベータなどの閉所が恐いといった不安も少なくありません。

さらに、知らない人と話せない、人前で話せない、人と目を合わせるのが恐い、他人との会食が恐いといった対人的な不安もあります。

こうした不安には、細かく診断名がつけられ、抗不安薬や抗うつ薬といった向精神薬もあり、認知行動療法や森田療法などの精神療法も、精神科医は心得ています。

しかし終末期の患者さんの死に直面した不安は、従来の教科書には記載されていません。その理由は、死にゆく不安があたり前の不安だからでしょう。いわば正常な不安です。

精神科医は、異常な精神状態の対処法には慣れていても、正常な精神状態の扱い方など知りません。正常なものは、放置しておけばすむからです。

もうひとつ精神科医が戸惑う理由があります。それは正常な精神状態というのが、非常に多種多様、十人十色だからです。いわば、百人いれば百とおりの正常状態があります。病的なものは、幅が決まっていて、百人の患者がいても、十とおりくらいに種類分けができます。もちろんこのとき、各人の細かい個人的な差は捨象されています。枝葉を切りとったうえで、分類するからです。ところが正常な精神状態は、枝葉を切りとると、何にも残らなくなってのっぺらぼうになってしまいます。

個人差をそのまま尊重して正常な精神状態に対処するのは、とっかかりがなく、手が出しにくいものです。マニュアルが作れません。

さらにもうひとつ、精神科医の立ち位置を難しくしているのが、終末期の患者さんの苦痛には、精神的な苦しみと身体的な痛みが混在している事実です。癌患者さんであれば、痛みは必発です。ところが、この痛みがどこまで身体由来であり、どこからが精神由来かの線引きは、まず不可能です。

通常、精神科医は、身体的な悩みは通常の身体医に任せ、残りの精神的な悩みを一手に引き受けており、おのずと守備範囲は限定されています。

この守備範囲が取り払われて、曖昧になるのですから、外野と内野をひとりで駆け巡らなければならない野球選手のようになってしまいます。

ネガティブ・ケイパビリティを持つ精神科医はどうするか

こうやって考えてくると、死にゆく終末期の患者さんの目の前に立たされた精神科医は、記憶も理解も欲望もない状況にあるのが分かります。まさしく、ビオンが指摘したネガティブ・ケイパビリティを必要とする場に立たされるのです。

目の前の事象に、拙速に理解の帳尻りを合わせず、宙ぶらりんの解決できない状況を、不思議だと思う気持を忘れずに、持ちこたえていく力がここで要請されます。

言い換えると生まれたばかりの手つかずの心、赤子の心で、死にゆく患者と対峙するのです。そうすれば、主治医と患者さんの間で交わされる言葉の一言片句が千鈞の重みを持ってきます。

誰でもひとりで苦しむのは、耐えられません。誰かその苦しみを分かってくれる、見ていてくれる人がいると、案外耐えられます。

家族がいれば、患者さんの苦しみを分かってくれるものと思うかもしれませんが、そううまくいかない場合のほうが多いのです。親しい人が死んでゆくという悲しみを背負っている身内は、それ以上の苦しみを回避するために、患者さんに必要以上は近づきません。ましてや、死にゆく患者さんに心境を聞くなどという、さしでがましいことはできません。

患者さん自身も、家族を前にして、今の心境を語るのは勇気がいるし、何よりもエネルギーを要します。その結果、家族と死にゆく患者さんで交わされる言葉は少なく、以心伝心になってしまいがちです。

その点、主治医としての精神科医は特権的な地位にいます。あかの他人であるという立場が逆に強みを持ってきます。

患者さんにしてみれば、精神科医は、あかの他人でありながら、毎日、あるいは一日二回、三回と病室に顔を出してくれるのですから、こんなありがたいことはありません。

しかもご用聞きのように、何か必要なこと、医療チームに言いたいことがあれば、伝令のように伝えてくれるし、必要ならば身体の具合も診てくれます。不眠が続くときは、睡眠導入剤も処方してくれます。こんなありがたい存在はありません。

そのうえ、死にゆく自分の気持を少しでも理解しようという態度が感じられるので、過去の体験や、死後の不安についても話してみようかなと思うようになります。

過去の辛かった体験を口にすると、「よく乗り越えられましたね」と感嘆の言葉が返ってきます。嬉しかったこと、誇りに思ったことを話しても、一緒に嬉しがり、讃辞を惜しみません。患者さんは、自分の人生は間違いなかった、やるだけのことはやったのだと、安心するでしょう。

悔いが残る出来事があっても、そのときはそれで仕方がなく、それ以外のやりようはなかったと慰めてくれます。そうだったかもしれないと、患者さんは納得します。

死んだあと、配偶者や子供たちがどうなるかの心配についても、立派に育てられているので心配はなさそうです、残された伴侶と力を合わせて、やっていかれますよ、と励まされ、患者さんは心配が目減りするのを感じます。

死で人生が途切れるのではなく、子供たちに受け継がれ、あるいは友人たちの胸に、あなたの人生は必ずや遺されます、少なくとも主治医である私の胸には、私が死ぬまでしまっておきますと、主治医が吐露したとき、患者さんは思わず涙を流すかもしれません。主治医も静かにもらい泣きするやもしれません。

ここにはもう技法も何も存在しません。主治医という人間と、患者という人間がいるだけです。医師が患者に処方できる最大の薬は、その人の人格であるという考え方は正鵠《せいこく》を得ています。

小児科医ウィニコットの「ホールディング」（抱える）

英国の小児科医でもあり、精神分析家であったドナルド・ウィニコット（一八九六―一九七一）は、ホールディング（抱える）という概念を提起したことでも知られています。治療上大切なのは、今生じていることを手を加えずに持ちこたえることだと言います。ウィニコットにとって精神分析療法は、無意識の解釈ではなく、患者が自分自身を発見するような、プロフェッショナルな場の提供です。そしてケアは、その個人的成長のための奉仕です。そのとき治療者は、患者が抱く苦悩を抱え続ける必要があります。周囲を不安気にこれでいいだろうかと見回すのではなく、苦悩を抱えて患者の解決の時を待つのです。ケアが奏効したときのキュア（治癒）は、治療者がさし出すのではありません。

この考え方は、どこかビオンの言うネガティブ・ケイパビリティと似ています。メラニー・クライン、ビオン、ウィニコットがひとくくりにされて、英国の対象関係論派と呼ばれるのも無理ありません。

マニュアルやSOAPでは、天地がひっくり返っても出てこない真理がウィニコットのホールディングにはあります。

人の病の最良の薬は人である

話を終末期の医療に戻しましょう。

終末期の患者さんの病床には、家族が終始つき添ったり、頻繁に見舞いに来たりします。二〇一二年六月のがん対策推進基本計画では、緩和ケアの対象は患者さんだけでなく、家族や遺族も含まれています。しかしこの家族のケアに関しても、死にゆく患者さん同様、確定されたマニュアルも対処法もありません。

もちろん、死別が遺族に与える影響については、さまざまなデータが出されています。身体面では、全般的な死亡率、心筋梗塞発症率、脳卒中や肺梗塞の発症率、新たな心疾患や高血圧、癌の発生率が上昇します。精神面でも、抑うつや希死念慮、孤独感、絶望感の増加を見、自分自身の受診率や服薬率が低下します。その半面、アルコール摂取や睡眠薬服用、うつ病、自殺率が上昇します。

そして日々、もっと何かしてやれたのではなかったかという後悔の念にさいなまれるのです。
社会面でも、家族内関係がぎくしゃくしてきたり、ひきこもり傾向になったりしがちです。考えてみると、これらも遺族における正常な反応だとも見なせ、ことさら主治医である精神科医が介入するまでもないのかもしれません。

しかし遺族は、えてして親しい友人にも親族にも、自分の恥をさらすようで、苦しい胸の内を打ち明けにくいものです。そうなるとあかの他人でもあり、患者さんをよく知って治療を任せていた主治医にこそ、苦悩を話しやすい面があります。

遺族を苦しめ続けるものの大部分は、後悔です。「もっと何とかしてやれなかっただろうか」「受診させるのが遅すぎたのではないか」「モルヒネを頼んだので死期を早めたのではないか」と、いくつもの後悔が遺族を苦しめます。どんなに患者さんに尽くした家族でも、死後、「もっとしてやれたのに」と悔やむようです。これはもう間違った認識としか言いようがありません。

そんなときには、「あれ以上の介護と献身は、考えられません。主治医である私がよく見て知っています」と言ってあげるだけで、遺族の心の重荷は軽くなります。

遺族はまた、周囲から、「思ったより元気ね」「新しい気持で前向きにしないとだめよ」と言われ、無理やり悲しみを封じ込まれがちです。こんなときにも、主治医が同じような悲しみに満ちた態度で、じっと話を聞き、回復を辛抱づよく待つのは、何よりの助けになるはずです。

私はこのような主治医の処方を、〈日薬〉と〈目薬〉で表現しています。何事もすぐには解決しません。数週間、数ヵ月、数年、治療が続くことがあります。しかし、何とかしているうちに何とかなるものです。これが〈日薬〉です。

もうひとつの〈目薬〉は、点眼薬のことではありません。「あなたの苦しい姿は、主治医であるこの私がこの目でしかと見ています」ということです。前にも言いましたが、ヒトは誰も見ていないところでは苦しみに耐えられません。ちゃんと見守っている眼があると、耐えられるものです。

私はかつて『アフリカの蹄』という小説で、セネガルの言い伝えを引用したことがあります。

――人の病の最良の薬は人である。

なるほどかつてのセネガルには薬もなければ発達した医療機器もないでしょう。しかし現代の日本においても、この格言は通用すると思っています。

そしてこれは、近代医学で医師の修練制度を確立した、カナダの医師ウィリアム・オスラー（一八四九―一九一九）の次のような言葉にも通底します。

Humanities are the hormones of medicine.

（ヒューマニティは医療のホルモンである）。

第五章　身の上相談とネガティブ・ケイパビリティ

日々の診療所から

前章で、終末期医療の場で力を発揮するネガティブ・ケイパビリティについて説明しました。実は、ネガティブ・ケイパビリティは、精神科の通常の場でも効力を持つのです。

私が精神科診療所を開設して、既に十年以上が過ぎました。精神科医になって、初めの十年は日本とフランスの大学病院と公立病院で働き、次の十七年は私立の精神科病院に勤務しました。働く場所が公的なものから私的なものに移るにつれて、診療の場が身の上相談所じみてくるのを感じていました。開業したとたん、一気にその色合いが濃くなったのです。

その理由は種々考えられます。ひとつは、診療所前の大きな看板に、「心身の健康よろず相談引き受けます」と書いたからでしょう。もうひとつは、開業して白衣を脱いだせいもあります。若い頃、非常勤で精神保健福祉センターに行っていた先輩から、「白衣を着ていないせいか、来談者の訴えが妙に世間話じみてくる」と聞かされました。その先輩の口調からは、どうも世間話は苦手という感じが伝わってきたのを思い出します。

三つ目の理由として、診療所が私鉄の駅のすぐ傍にある至便性も影響しているようです。電車の乗客や駅で待つ客、踏切を渡る車や人から、診療所の看板は丸見えです。大きな決心をしなくても、ふらふらとはいってきて初診になる可能性も否定できません。

最後に、これも憶測ですが、診療所の前にある看板以外の広告は一切していないのも、一因のような気がします。電話帳にも広告を載せず、メンタルヘルス関連のネット広告もなく、もちろんホームページもありません。やってくる患者は、口コミか看板、ブログの書き込みを見ての判断か、他の先生たちの紹介です。そうなると、純粋に医療というより、よろず相談になりやすい気がします。

つい最近も、「おたくのクリニックは、健康保険がきくでしょうか」と、心配そうな電話がかかってきました。これも、巷にあるもろもろの身の上相談所と同列に思われている証拠です。

とはいえ、診療所が身の上相談所まがいになったからと言って、私自身に違和感はありません。むしろ精神医療はこれが王道ではないかと考えています。もっと言えば、医療そのものが、この身の上相談を抜きにしては成り立たないのではないかと思うのです。

開業して十年の間で、カルテの数は四千五百を超えました。一年間に、新しい患者さんが四百五十人見えた勘定になります。ひと月およそ三十八人です。その中には、家族の相談やセカンド・オピニオンを求めての来院も含まれています。

八人の受診者

一日に診る患者の数は、三十五人程度です。参考のために、お盆前のある月の受診者の中から、八人を選んで身の上相談に近い例を紹介します。

――Aさんの場合

Aさんは七十代半ば、元は腕の良い大工であり、屋根葺きも左官も植木の剪定もできる。しかし十年ほど前から仕事がなくなり、イライラと不眠に悩み出した。軽い抗不安薬と睡眠導入剤を服用しながら、近在の町村を営業に回るものの、仕事はとれない。とれないどころか、怪しい男がうろついていると村中のスピーカーで放送されたり、悪質リフォーム業者と間違われたりもする。見たところ屋根が傷んでいるので修理しましょうかと玄関の戸を叩くと、出て来た主人から、俺の家を見くびったなと木刀で追いかけられる。塀の修理を頼みますと、ある老夫婦は言ってくれたが、息子のひと言「信用できん」でご破算になった。「昨日も百軒ほど訪ねましたが、どこでも断られました。ガソリン代ばかりかさむので、もう仕事はやめます」と言い、夫婦二人の年金で細々と生活する決意を語った。

主治医としては、この収入の不安定さに起因する不安と不眠に、たいしたことはしてあげられません。処方する薬とて、一時しのぎでしかありません。シルバーワークに登録したらどうでしょうと、助言をするのが関の山です。このシルバーワークとて、仕事はボスのような老人がとりしきっているらしく、新参者にはなかなか仕事を回してくれないそうです。もうこうなると、日々の生活の不如意を聞き続けるしか、主治医の手はありません。

——Bさんの場合

Bさんは五十代前半の農家の主婦で、抑うつと不眠が主訴だった。聞くと、二十五歳で嫁いできたときは農業のことはよく知らず、必死で覚えた。しかし何ひとつ姑を満足させる域には達しなかった。足が不自由な姑は、今でも口だけは達者で、ひとつひとつ命令を下す。会社勤めもしている夫の弁当作りと朝の仕度のため、朝五時には起きなければならない。十分でも遅れて階下に降りると、もう起きている姑が、待ち受けていたように「遅かったのう」と言う。昼間、休もうと思って二階に上がっても、降りて行ったとき、決まって皮肉を言われるので、我慢して階下でごそごそ動き回るしかない。「この頃では、姑の顔を見ると、動悸がします」と、涙ぐむ。

まさか、動悸止めの薬を出して、あとは姑が死ぬまで我慢ですと言うわけにもいかず、主治医としては、大変ですねと同情するしかありません。不眠の解消のため、睡眠導入剤を処方して、朝寝坊でもすれば、姑の皮肉に油を注ぐようなものです。何かいい策が見つかるまで、悩みを聞くだけの主治医であり続けるのみです。

——Cさんの場合

三十代後半の主婦Cさんは、教師の夫がうつ病で休職を何度もし、小学生の息子は不登校が続いている。動悸と不眠が主訴ではあっても、本当の悩みの種は、夫と息子、そしてピアノを習いたいといってはすぐやめ、習字教室も長続きしない娘の心配である。ひとりで家族を背負い、切り盛りする気苦労が年余にわたって持続している。突破口を見つけようにも、夫の主治医は、頑張りなさいと言うだけらしい。私は、うつ病の夫が朝から酒を飲んでいると聞き、うつ病患者が酒を飲んでいる限り、病気は永遠に治らないと言明した。夫は主治医を変え、アルコール専門病棟のある精神科病院に入院し、断酒生活にはいった。するとうつ病も軽快したようで、職場復帰した。こうしてCさんの悩みの半分は解消したものの、息子の不登校と娘のあきっぽさは、教師の妻として情けない毎日である。

夫はなんとかうつ病に立ち向かう生活にはいり、Cさんの主治医としての私も、助言の甲斐があったと、半分はひと息つけました。しかし息子と娘の対処法については、長い眼で見ていくしかないでしょうとしか、言いようがありません。

あれから八年経った現在、夫は時々抑うつで病休をとるものの、勤めをはたしています。娘さんは短大を卒業して事務職について何の心配もありません。息子さんはビリッケツ近くで高校を卒業、何とか私立の大学に合格しました。学業よりも、パートタイムでのレジの仕事に熱心なようです。

このCさんの例など、前述した日薬と目薬の見本です。何とかしているうちに、いずれ事態は何とかなるものです。それも主治医の目がいつも備わっていればこそでしょう。

——Dさんの場合

Dさんは五十代半ばの専業主婦で、数年前に血液系の癌を宣告されて、不安定な気分になり、自分でもうつ病ではないかと思って受診した。内科医としては、癌も告知する時代だから、ずばり診断を告げるのは当然の業務に違いない。しかし宣告後に患者が陥る精神的な不安と抑うつも視野に入れてもらわないと、すべての癌患者の後始末を精神科医がしなければならなくなる。二人にひとりが癌になる時代、それは無理である。ネットで同じ癌の自助グループを見つけて行ってみたところ、威勢のよい発言ばかりで、Dさんは腰がひけたと言う。もちろん内科から抗癌剤の投与は受けて、今のところ著明な進行はない。しかし、せいぜい数年の命らしい。日常生活で不意に赤い口をあける死の恐怖について、来院のたびに訴える。

実は私も開業二年が終わる頃、前述のビオンと同じ急性骨髄性白血病を患い、半年の入退院治療を繰り返した経験があります。同じ血液系の癌なので、患者さんの不安な気持は、よく理解できます。しかし予後は人それぞれです。せめて、免疫力を高めるために、元気に満ちた明るい毎日を送りましょうと、患者さんを慰めるくらいしかできません。こうなると、祈りに近い臨床になります。祈りをかたちに出してしまうと祈禱師や宗教家と同じになるので、ひたすら胸の内で祈るのみです。

――Eさんの場合

Eさんは八十歳過ぎの男性で、認知症は全くなく、肺癌と大動脈瘤の手術のあと、意欲の低下をきたして、総合病院内科の紹介で初診した。抗うつ薬は既に内科で処方されているので、昔話を聞くだけの診察になった。時事問題に関する意見など、知的な衰えは微塵も感じさせず、こちらがなるほどと感心させられる話ばかりだった。そのうち、老夫婦の心配の種は、同居している知的障害の次男の行く末だと分かった。しかもその息子が、Eさんの支持する政党とは反対の党に入党したのが、本当のうつの原因だったことも語られた。

こうなると、もう問題は、主治医としての私の手を大きく離れた感があります。親と子でも、政治的な立場は違って当然でしょう、無理やりやめさせるのは人権の否定につながります、と言ったところで、明晰なEさんには釈迦に説法でしょう。困りましたねと、一緒に悩んであげるくらいが関の山です。

――Fさんの場合

Fさんは四十代前半の専業主婦で、家で子供たちにピアノを教えている。夫のアルコール依存が悩みの種だ。毎晩のように酔って帰ってきては、吐いたり、大声を出す。帰りが遅くなると、Fさんは動悸がしてくる。真夜中を過ぎると、身体に震えがくるくらいに不安になる。ピアノを教えていても、今日無事に夫が帰宅するかどうか考えると、手が震えて上《うわ》の空になってしまう。ときには、夫がへどを吐くとき、自分も吐き気がして胃液を吐いてしまうという。

聞くと、夫は会社の健康診断で内科受診が必要と言われても、行ったためしがなく、まして精神科に連れて行くなど、はなから不可能だと、Fさんは首を横に振るだけです。いつか夫は血圧が高くなって脳出血を起こすか、肝硬変になって黄疸が出るのではないかと、主治医として私は最悪の事態を予測するしかありません。しかし、そんな最悪の事態をFさんに告げると、余計心配を増やすだけです。すると四年くらい経ったとき、会社の部下から深夜電話がはいりました。夫が飲んでいる最中に急に意識がなくなったので、救急車を呼び、病院に運んだというのです。診断は急性アルコール中毒で、命が助かるかどうか五分五分だと言います。Fさんが病院に急行したのはもちろんです。

幸い救命はでき、十日後に夫は退院します。この入院がきっかけとなり、夫は断酒生活にはいります。会社の同僚も絶対にアルコールは勧めません。どうしても飲まなければならないときは、ノンアルコールのビールにしています。こうして断酒生活が二年になり、帰宅も早くなったものの、Fさんの心配はなくなりません。また飲酒を再開するのではないかと気になるのです。主治医の私も、もう大丈夫ですよと言うわけにもいかず、はらはらし続けています。

今のところ夫は、宴会ではノンアルコールですまし、深夜でもシラフで車を運転して帰宅します。実はこの夫にギャンブル依存症もあって、土、日はほとんど欠かさずパチンコ店通いです。借金に走っている様子はなく、Fさんとともに見守っています。

――Gさんの場合

Gさんは八十歳になったばかりの頃、二十年間介護した夫が死去し、涙が止まらなくなって受診した。夫は二十年前の退職して間もない頃に脳梗塞を起こして、寝たきりに近い状態になっていた。その前の十年間は、やはり寝たきりの姑がいて、その介護もしたので、結局は三十年間の介護生活だった。

介護生活から解放され、自由な生活になってほっとしたのではと思うのは、下司の勘ぐりでした。手のかかる夫でも、いや手のかかる夫であるからこそ、その介護が生き甲斐のGさんにしてみれば、生きていてくれること自体が支えだったのです。死とともに支えがなくなり、泣くばかりの毎日になりました。

こうなると主治医としての私も、悲しいですねと同情するしかありません。食欲がおちて体重も減っていたので、食欲増進剤を少し処方するのみです。Gさんは月に一回来院し、日々の生活を報告してくれました。老人会やお寺の行事にはなるべく参加し、人前では普通の顔をしているものの、家にひとり帰って仏壇の写真を見ると、涙がぽろりと出ます。

五年が経過した今でも、朝方お経をあげながら、夫の遺影を眺めると涙が出ます。それでも、人前で泣くことはもうありません。

「先生、これは病気でしょうか」

患者さんから訊かれても、正常な反応でしょう。喪の長さは個人差がありますから、と答えるのが精一杯です。

それでも菩提寺の役員をしているおかげで、月に二、三回はお寺に行って集まりの世話をします。町内の老人会にも積極的に参加し、プールでウォーキングをして身体を鍛えています。

自分より年長の患者さんを診ていると、老いの予習をしているような感覚にとらわれます。夫の写真を見て涙を流しても、こんな老いならいいなと思うのです。

――Hさんの場合

四十代半ばの専業主婦Hさんは、ある日、夫の携帯電話をこっそり開けてみて、女性からのメールが頻繁にはいっているのを発見する。しかもその内容は、逢引きの約束だったり、会ったあとの感想だったりして、夫が浮気をしているのは明白だった。メールにある逢引きの日を確かめると、はたしてその日、夫は出張だからと言って外泊していた。意を決して夫に問いただすと、ただ相談に乗っていただけで、怪しいことは何もしていないと、絶対に浮気を認めない。Hさんは食事も喉を通らなくなり、夫とは話もしたくない、夜も眠れないと訴えての受診だった。

別れようにも、子供はまだ小学生と中学生で、自分には生活能力は何もありませんと言って、Hさんは涙にくれます。夫が嘘をついているのは明らかなので、夫の言い分を信じたらどうですかとも言えません。男は所詮こういうものですよ、と言うのも無責任です。耐えるしかないですね、と言うのも冷たすぎます。困りましたね、せめて眠ったほうがいいですよと慰め、少量の睡眠導入剤だけは処方します。しかしこれとて根本的な解決には、もちろんなりません。Hさんが生き方に折り合いをつけるまで、困りましたねと同情するのみです。

身の上相談に必要なネガティブ・ケイパビリティ

こうしてみると、身の上相談には、解決法を見つけようにも見つからない、手のつけどころのない悩みが多く含まれています。主治医の私としては、この宙ぶらりんの状態をそのまま保持し、間に合わせの解決で帳尻を合わせず、じっと耐え続けていくしかありません。耐えるとき、これこそがネガティブ・ケイパビリティだと、自分に言い聞かせます。すると耐える力が増すのです。

ネガティブ・ケイパビリティを知っていなければ、私はとっくの昔に患者さんから逃げ出していたでしょう。どうにもならない問題なので、もう来てもらっても無駄ですと言って、追っ払っていたかもしれません。

このとき、私はネガティブ・ケイパビリティを発見したキーツに、それを再発見したビオンに、また論文に仕立てて私に知らしめた米国の医師に、心の内で感謝しています。

耐えているとき、私自身の精神科医としての記憶も理解も欲望も、消え去っているような気がします。あるのは目の前にいる生身の患者さんのみで、ひとりひとりの個性があり、ひとりひとりを取り巻く環境も違っています。その人が口にする言葉を、毎回毎回、来院のたびに味わい尽くすだけなのです。

こんなことで治療になるのかと、叱る向きもあるかもしれません。

しかし人は、前に述べたように誰も見ていない所で苦労するのは辛いものです。誰か自分の苦労を知って見ている所なら、案外苦労に耐えられます。患者さんも同じで、あなたの苦労はこの私がちゃんと知っていますという主治医がいると、耐え続けられます。

私は小倉金曜会という精神科医の勉強会に、二十五年以上も前から参加しています。毎月第四金曜日に小倉に集まって、順番に症例を呈示して討議をします。十五年ほど前からは、年に一回、海外の精神科施設を訪れて見聞を広めています。ちなみに二〇一五年の訪問先は、フランスのカトリックの聖地ルルドにある「奇跡の治癒」の医学検証所と、患者受け入れ病院でした。

ネガティブ・ケイパビリティに関連して印象深かったのは、二〇〇五年に訪れたインドネシアの精神科病院でした。大学病院の精神科でありながら、精神科医も少ない、看護師も少ない、薬もほとんどない、ないない尽くしの状態でした。見学を終えて、意見交換の場が持たれたとき、あきれた私は、これで患者を治せるでしょうか、と質問したのです。

すると五十歳くらいの精神科教授は、「治せないかもしれませんが、トリートメントはできます」と答えたのです。

私はあっと、目からウロコが落ちた感じがしました。医学生になったときから、トリートメントという言葉は、何千回聞き、口にしたか分かりません。そのトリートメントが意味するところは「治療」で、言い換えると「治す行為」でした。

しかしそのときの教授の口から漏れた「トリートメント」は、美容院で使うトリートメントとして響いたのです。私は、そうかと納得しました。

美容院では、決して傷んだ髪を治しません。あくまで傷んだ髪をケアして、それ以上傷まないようにしてあげるだけなのです。

それなら、私も、どうにもならない身の上相談の患者さんが来たとき、治療ではなくトリートメントをしてあげればいいのです。傷んだ心を、ちょっとだけでもケアすればいいのです。いつか希望の光が射してくることを願い、患者さんに「めげないように」と声をかけ続ければいいのです。

以来、ネガティブ・ケイパビリティとトリートメントは、私の臨床の両輪になっています。

第六章　希望する脳と伝統治療師

明るい未来を希望する能力

世の中にはさまざまな嫌なことが起こります。ついこの間も、私の診療所がある福岡県の中間市で断水騒ぎがありました。六十年ぶりとかの寒気で、水道管があちこちで破裂し、貯水池や巨大タンクが空になったのです。中間市は最近とみに空き家が増えています。そういう家は水道管が破裂しやすく、誰も気づかないため、まずは市職員が一軒一軒空き家の状況を点検して修理をすませて、ようやく給水が再開されます。最悪の地区では、二日間の断水を余儀なくされました。幸い私の診療所では一日の断水ですみました。

ひと月前に、やはり同じ市内で、八十歳過ぎの男性が殺され、大騒ぎになりました。二週間後、近くに住む被害者の知人が犯人と分かって一件は落着を見ました。

ところがこうした事件が終わると、私を含めて市民は案外ケロリとしています。来年も寒波が襲って断水になるのではないかと、今から心配する人はいません。逆に、次の大きな断水は五、六十年後だろうから、当分安心だと考えている人が大部分です。

身近に起こった殺人も、あれはたまたまの珍しいケースであり、このあたりは危ないと転居を思い立つ人もいません。中間市は十年ほど前、暴力団関係のもつれで殺人事件があったにもかかわらずです。

第三章で、分かりたがる脳について言及しました。分かるために欠かせないのは、意味づけです。意味が分からないままでは、心は落ちつきません。だからこそ、人は不可解なものを突きつけられると、何とか意味づけしようとします。

この意味づけの際によく起こるのが、希望の付加です。中立ではなく、希望的観測のほうに意味づけします。断水騒ぎであれば、あれは六十年に一度の出来事だから、あと六十年は安穏としていられるという意味づけです。殺人で言えば、あれもたまたま、まさか自分が被害にあうことはなかろう、という希望的な意味づけをします。

このように、私たちの脳は生来的に、物事をポジティブに考えるようにできています。

米国の調査にも面白いデータがあります。あなたは百歳以上生きるだろうかという質問に対して、一割の人がイエスと答えたそうです。実際に百歳まで生きる率は、わずか0・02%なのにです。また、あなたの運転技術は平均より上でしょうか、という質問にも、何と93%の人がイエスと回答しています。実は、平均以上と答える人は50%、以下も50%であるのが、計算上の理屈でしょうが、そうではありません。

地球の温暖化問題に対しても、確かに理屈では、今何とかしておかないと、子供や孫の時代には大変な事態になると心配しています。ところが個人的にはたいていの人が、ま、何とかなるだろうと楽観視しているのではないでしょうか。

このようにヒトの脳は、物事を楽観的に見るように作られているとしか思えません。これは、ヒトが何十万年にもわたって生き延びるうちに、脳がそういう方向に進化したと考えられます。生存のためには、悲観的に考えるより、楽観的に考えるほうが有利に働きます。米国の経済学者の調査でも、楽観的な人のほうが、悲観的な人よりも、長時間働き、より多くの収入を得ているそうです。離婚率は双方で変わりませんが、楽観派はより高頻度に再婚しています。

楽観的希望の医学的効用

このような楽観的希望の効用は、医学的にも証明されています。心臓疾患でも、楽観派のほうがより多くビタミン類を摂取し、低脂肪の食事をし、運動もして、心筋梗塞に至る率が少なくなっています。六十歳以下の癌患者でも、楽観組と悲観組で、年齢や病気の進行具合をマッチさせたあと、八ヵ月後の予後を比較すると、悲観組のほうが死亡率が高いという結果が出ています。

他方、最近の研究で明らかになったのは、私たちの脳は、単に過去の経験を貯蔵しているだけではなく、未来によって絶えず再形成されているという事実です。

ニューヨーク市で起きた、二〇〇一年九月十一日のテロによる世界貿易センターの惨事について、記憶に関する調査が実施されました。事故直後と十一ヵ月後の記憶を比較すると、正確度は63％に低下していました。中でもツインタワーに突っ込んだ航空機がどこの航空会社のものだったかについては、大半の人が忘れていました。

この結果から、ヒトの記憶装置は、決して過去をそのまましまい込むのではなく、将来への展望に沿って、ある部分は消去され、別のものが新たに挿入されていくのだと推測されたのです。

これを検証するために、脳の活性度が脳画像によって調査されました。すると、日常生活でも、過去の出来事を思い浮かべたときよりも、将来の明るく楽しい出来事を想像したとたん、脳の活性度がぐんと高まったのです。

つまり、明るい未来を想像することによって、ヒトは困難を生き延びて来たと考えられます。ヒトは誰もが必ず死ぬのだとは、全員が知っています。しかしこの死の知識が、ヒトを絶望の淵につき落とすことはありません。たまに死を思いながらも、やはり明るい未来を思い描きつつ生き続けるのです。

この明るい未来を思う機構が、脳のどこの働きによるかは大方分かってきました。

一部分を担うのは、記憶の場である海馬です。海馬を損傷すると、ヒトはもう記憶を喚起できないのと同じく、未来を思い描くこともできなくなります。

未来をも取り入れる記憶装置によって、ヒトはネガティブなことよりも、ポジティブなことをより喚起するのです。たとえ病気になる心配の記憶が頭をもたげたときも、それを回避するにはどうすべきかという記憶を呼び起こすのです。

この明るい未来を思い描く能力には、前頭前野皮質と皮質下の神経連絡網も関与しています。

私たちは将来を予想する際に、思念の中で未来へタイムトラベルします。これこそが人類が獲得した素晴らしい能力で、ヒトの前頭前野皮質が他の動物よりも頭抜けて大きいのもそのためでしょう。この能力によって人間は幾多の困難を切り抜けて進化したのだと言えます。タイムトラベルすることによって、私たちは未来を思い描いて設計し、報酬を期待します。これがなくては、誰も健康維持のために努力しないでしょうし、子供や孫、さらにその先の世代の運命など、クソくらえになってしまうのです。

しかしこの未来へのタイムトラベル能力も、無分別に行うのではありません。単身赴任の父親は帰省する際、自分が乗っている列車が途中で脱線転覆して死人が出る事態よりも、着いた先に家族が待ち受けている光景を頭に思い描いているのです。

このタイムトラベルを、いわばバラ色の方向に向けるのが、皮質下にある三つの器官です。

ｆＭＲＩ（機能的磁気共鳴画像）を用いて、被験者を二群に分けて脳の活動を調べた実験があります。一方の群では、恋人とデートをする場面や、宝くじが当たったときの感激を思い浮かべてもらい、もう一群には財布を落としたり、失恋の場面を想起してもらいます。

そうすると、デートや大当たりを思った群で、脳の活動が明らかに上昇した器官が二つありました。ひとつが扁桃体で、情動を制御する小さな器官でした。もうひとつが帯状回前皮質で、情動と動機づけをコントロールする組織でした。楽観的な人ほど、この二つの器官のつながりは強く、うつ病ではこの二つの働きが異常に低下しています。

うつ病にかかると、何でも悲観的に考えるようになります。お金がたっぷりあるのに自分は貧乏だと思い、身体のどこかが悪いのではないかと気をもみ、自分はつまらぬ人間だと思い込み、もうこの病気も治らない、お先真暗だと確信してしまいます。ついに、みんなに迷惑をかけるより、死んだほうがましと思い定めて、自死に至ります。脳の機能、思考に、真暗なバイアスがかかってしまうのです。

楽観的な思考を担う三つ目の器官が、線条体の一部である尾状核です。将来に何かよいことが待っていると、尾状核が率先して脳全体に知らせます。待ち構えていた報酬が実際に手にはいると、その事実が脳全体にセットされて、次を期待する前向きの姿勢はいよいよ強くなります。

このような脳の仕組みによって、脳全体としては、楽観的な見通しを持つ情報をより強く摑みとり、悲観的な情報は素通りするようになっているのです。

ょう。

おそらく、人間の脳が絶望より希望を持つようにできていたおかげで、生存率が高まったのでし

しかし希望を見出す脳の機能のタガがはずれて、もはや妄想の領域にはいり込み、抜け出せなくなった精神障害があります。ギャンブル障害という病気です。

開業して十二年目になり、私の診療所を初診したギャンブル障害の患者さんは七百人近くになりました。家族だけの相談も百六十人を超えています。

ギャンブル障害の本質は、「同じ行為を繰り返しながら、違う結果を期待する」です。パチンコ店のスロットを例にとると、行われているのはスロットマシーンのレバーを押すという行為です。頭でレバーを押そうが、足の指で押そうが、大した差はありません。休みの日に、朝からパチンコ店にはいって頑張っても、やはり同じ行為です。今までは元手が少なかったので、今度は二十万円の軍資金を借金で用意しても、レバー押しという行為は変わりません。

それなのに、今度は絶対に勝ってやる、勝ちそうな気がすると思うのです。これまで二十年三十年とスロットをしていて、もう五百万円も一千万円も負けているのですから、これから先どうあがいても、長い目で見て勝てないのは明らかです。

しかも一方で、ギャンブル症者には、「ギャンブルで作った借金は、ギャンブルで返さなければならない」という妄想じみた思い込みがあります。借金は、ギャンブルでは負けるという事実の証

拠ですから、天と地がひっくり返ったところで、ギャンブルでの返金は不可能なのです。

　こうしたギャンブル症者の脳の活動を、脳画像検査で検討すると、「勝ちにも負けにも鈍感になっている」という結果が出ました。これは実際の臨床像と見事に一致します。競馬で言えば、十万円勝っても何の嬉しさ、興奮もありません。百万円損しても、衝撃はなく、蛙の面に小便です。ですからギャンブル症者は、必然的に穴ねらいになります。手堅い馬は選びません。穴ねらいですから、やはり負ける確率も高いのです。

　これはギャンブル症者の脳の報酬系が、ギャンブルによって歪められ、壊されてしまっているからです。その脳機能を回復に向かわせるには、多大の努力と時間が必要なのは言うまでもありません。

山下清を育んだもの

　話を元に戻すと、重い障害のある人を見ていると、自分があんな状態になったら、とても生きてはおられないだろうと、私たちは勝手に思いがちです。

　ところが重篤な障害を持つ患者さんを日々相手にしている医師は、逆に、人間はどんな状況にあっても希望を失わないものだと、たびたび納得させられます。そして長いつきあいの中で、ケアする喜び（joy of caring）も感じるようになります。

二〇一六年七月、相模原で起きた元介護職員による十九名の重症障害者の殺人事件は、世間に戦慄を与えました。真心をもって真摯に介護を続けていけば、いつかはこのケアする喜びに気がつくはずです。

しかしそこには、共感とネガティブ・ケイパビリティが要請されます。介護をしても無駄ではないかという速断は、その双方が欠けるとき、恐ろしくも成立してしまうのです。

実を言えば、私たちは健康体でいる年数よりも、病気持ち、障害持ちでいる期間のほうが長いのです。そういう事実も、希望する脳の効果で忘れてしまいがちです。

たとえ首から下が麻痺して動かなくても、絵筆を口に咥《くわ》えて絵を描き、普通の人以上に、濃密な人生を送っている人は、世界中に少なからずいます。そんな人たちは、首から下が動かなくても、生きていてよかったと、心の底から思い、毎日を感謝しつつ送っているはずで、五体満足な人よりも、ある意味で希望に満ち満ちているかもしれません。

放浪の画家山下清（一九二二―一九七一）も好例です。精神医学的に診断すれば、知的障害と自閉症スペクトラム障害、そしてサヴァン症候群を併せ持っていました。

自閉症スペクトラム障害は他者との協調性、コミュニケーション能力の低下です。サヴァン症候群は、超人的な記憶力が特徴です。

戦前の一九四〇年から放浪し、三年後に何食わぬ顔で八幡学園に戻って来ます。彼が貼り絵を習ったのもその頃でした。その後もたびたび放浪に出ます。戦後は二回、精神科病院に入れられますが、二回とも離院して、学園に戻ります。そして一九五一年本格的な放浪の旅が始まるのです。東北から九州までくまなくまわり、鹿児島には三回も行っています。放浪に終止符が打たれたのは、一九五四年の一月ですから、三年間の放浪でした。

山下清が放浪中に見た風景の貼り絵は、すべて学園に戻ってからの制作です。克明な記憶によって再現された作品で、二〜三ミリの色紙をちぎり、隅から埋めていくやり方をしています。プロフェッショナルな画家さえも脱帽する芸術作品になっています。

これらの才能は、学園の「踏むな、育てよ、水そそげ」という療育理念と、周囲の温かい理解によって開花したと言われています。惜しまれて画家は四十九歳で急逝しました。

画家を育んだのは、周囲の共感とネガティブ・ケイパビリティではなかったかと思うのです。その中で、障害のある脳も、希望を持ち、世にまたとない作品を遺したと言えます。

ネガティブ・ケイパビリティを持つ伝統治療師

この希望する脳を最大限に利用して、ネガティブ・ケイパビリティを発揮しているのが伝統治療師、メディシンマンです。

精神科医になりたての頃、私は祈禱師というか占い師、伝統治療師、いわゆるメディシンマンが嫌いでした。小説でも「メディシン・マン」という標題で、短篇を書いたくらいです（『風花病棟』収録）。

なぜ嫌いだったかというと、患者をたぶらかして、非科学的な治療をする詐欺師だと思っていたからです。

メディシンマンが用いる治療法は、大別して二つあります。ひとつは占いです。色のついた象牙のかけらをいくつか放り投げて、依頼人の取るべき道を指示したりするのです。二つ目は、悪魔払いないし病魔退治です。病人の身体にべとつくものを塗って、呪文を唱え、乾いたのを見はからって、はがします。それによって、病根もはがれるというわけです。あるいは、病人の横たわる小屋の中で枯草を焚いて、病人をむせ返らせ、体内の病魔を追い出します。

かと思うと、どうにも手の施しようのない難治の病人を前にして、家族や親族、友人たちを呼び寄せます。遠く高い山の頂きに生息する植物に癒やす効力があると言い、取りにやらせます。

こんな眉唾ものの治療法を知って、私は失笑を禁じえませんでした。

ところが精神科医になって十年ばかり過ぎたとき、英国人で比較精神医学のジュリアン・レフの大著『地球をめぐる精神医学』を翻訳する機会がありました。そこに次のようなくだりがあったのです。

——精神療法家は、医学教育を受けた者であれ、そうでない者であれ、伝統的占い師の直接の継承者とみなすことができる。現代精神医学の勝利は薬理の領域内においてのものであり、社会的処遇の面ではそうとも言えない。この分野は伝統治療師のほうがよく実践している。

つまり、現代の精神科医は薬の効き方についてはよく知っているものの、患者の扱い方に関しては、メディシンマン以下だというのです。

私は蒙を啓《ひら》かれる思いがしました。こうした眼で、メディシンマンが繰り返す技法を見直すと、現代のあらゆる精神療法に共通する、治療者としてのあるべき基本的態度が浮かび出てきます。

病人の肉親や友人に対して、遠い山の薬草を採りに行かせる手法で、重要なのはおそらく薬草そのものの効果ではないでしょう。家族や知人が、病人のために危険をおかして長旅をし、薬草とともに戻って来るまでには、十日や二十日はかかります。いや一ヵ月か二ヵ月かかるかもしれません。その間、病者はずっと希望を持ち、薬草が届くまで待ち続けます。

期待が大きければ、たとえその薬草の効力が大したことなくても、効いた感じがして、一過性に元気になる可能性もあります。うまくいけば、その間に病が峠を越して、自然治癒力によって快方に向かうかもしれません。

そして仮に不幸な結果になったとしても、病人は家族をはじめとする親族、友人に感謝して、死に赴くでしょう。周囲の人たちも、やるべきことはやったという思いで、悲嘆にくれつつも、悔いは少ないはずです。いわば八方よしの結果が生まれます。

前章でも述べましたが、この原初的な治療の場に働いている要素は、少なくとも二つあります。ひとつは、わが国でも古くから言われている〈日薬〉です。どんな病気も、時間的な基盤が保証されなければ、快方に向かいません。瞬時に治るというのは、前述した聖地ルルドにおける奇跡的な治療くらいでしょう。

特に生物にもともと備わっている自然治癒力に頼らざるをえない場合は、数日、旬日、数ヵ月、あるいは年余の時間が必要になります。先に述べたメディシンマンは、病人の近親者を遠くの山に遣わすことで、平たく言えば時間稼ぎをしているのです。病人が薬草の到着を待ちつつ、自らを鼓舞しながら生きているうちに、事態や病状は好転する可能性があります。その未来に延びた時間軸に、メディシンマンは賭けているのです。これこそ見事なネガティブ・ケイパビリティの力の発揮でしょう。

二つ目の要素は、〈目薬〉です。メディシンマンが、病人の苦しみから眼を離さずに見守っている目の薬です。人は誰でも、見守る眼や他人の理解のないところでは、苦難に耐えきれません。誰かからの、あなたの苦しみはよく分かっている、あなたの奮闘ぶりもよく知っているというメッセージが伝わると、病人は持ちこたえられ、苦難を乗り越えられることは、前にも述べました。

メディシンマンが病人に渡すお守りやお札、家族に家の四隅に置くように命じる砂や絵札なども、この目薬の代用になります。病人も肉親も、それによってメディシンマンから見守られているという安堵を覚えるでしょう。これもまた見事なネガティブ・ケイパビリティの発揮です。

精神療法家はメディシンマンの後継者

実を言えば、私自身、十二年前の開業の際、診療所の御祓いをしてもらいました。古神道を信仰しているその祈禱師は、開口一番、以前携帯電話会社の店舗だった場所を診療所に改装したのだから、御祓いはとてもよいことだと言ったのです。

戸と窓を開けて線香の束を焚き、祝詞《のりと》をあげたあと、室内の至る所を酒と塩で清め、職員と私の頭の上を御幣で払います。さらにひとりひとりに呪文を浴びせて、背中を経本で叩き、身体を揺らして活を入れました。玄関口の上に稲穂と水、下におもとの鉢、待合室の隅に塩を置くように命じて帰って行きました。

この御祓いは職員にも好評で、私もどこか心身ともに清められた気がして、以来毎年、開業記念日の前後に、儀式をしてもらっています。現在も職員が玄関のコップの水を替え、稲穂と塩は年毎に替え、おもとに至っては深緑の葉を広げています。

昨年も御祓いを頼みました。診療所の隅々まで塩と酒を撒く清め方はいつもと同じでしたが、線香の束から出る煙が多かったのです。「受診に見える患者さんの思いが濃いのでしょう」という説明に、職員も私も妙に納得させられました。

儀式が終わると祈禱師は、私たちに向かってこう言いました。

「もうすぐ旧暦の七夕です。その日は手持ちの鏡の裏に、自分の願い事を書いた紙を貼って下さい。そして鏡には、自分の一番良い笑顔を映すのです。その笑顔がそのまま神様に届き、願い事がかないます」

さらにこうも笑顔でつけ加えたのです。

「自分が病気になりそうだったら、病気などにならない、と三度続けて言うといいです。気分が落ち込んだときは、自分を誉めてやりましょう。人はとかく他人を悪く言いがちですから、少なくとも自分だけは自分を誉めてやらなければどうしますか」

聞きながら、これは一種の認知行動療法ではないか、と私は思いました。暗く沈みがちで、物事を悲観的に考えやすい患者さんには、この祈禱師の対処法は充分に有効なはずです。何よりも副作用がないのが利点です。

祈禱師は儀式の道具を片付けながら、「八月は特に大豆製品を食べて下さいね」と言い置いて、白装束と白足袋の後ろ姿も鮮やかに去って行きました。もちろん看護師長が謝礼のはいった封筒を渡すためにあとを追いましたが。

八月の大豆とは夏バテ防止かなと、私は考えつつ、メンタルな面のみならず、身体の健康まで配慮してくれた祈禱師に、ついつい頭を下げていました。

――精神療法家は、医学教育を受けた者であれ、そうでない者であれ、伝統的占い師の直接の継承者とみなすことができる――。

先にあげたジュリアン・レフの言葉を想起しながら、なるほど祈禱師は、私たち精神科医の先達だと、納得したわけです。

何もできそうもない所でも、何かをしていれば何とかなる。何もしなくても、持ちこたえていけば何とかなる。

Stay and watch. 逃げ出さず、踏みとどまって、見届けてやる。この精神も私は「終診」という短篇で描いたことがあります（『風花病棟』収録）。まさしくネガティブ・ケイパビリティと瓜二つの考え方です。

どうにもならない宙ぶらりんの状況でも、持ちこたえていけば、いつかは好転するはずです。それも、私たちの脳に、希望に向けてのバイアスがかかっているからでしょう。

希望する脳とプラセボ効果

医学の分野で、この希望する脳が自らの心身に大きな治癒力を発揮している事実は、いわゆるプラセボ効果として知られています。

先述したように、ヒトの脳は、ちょうど溺れる人が藁をも摑むように、わけの分からないものに意味を見出そうとし、それは希望的な方向に傾きがちです。

この傾向があるからこそ、物事は何とかしているうちに何とかなり、早々と白か黒かの結論を出す必要がないのです。薄暮のようなグレーゾーンを持ちこたえているうちに、東の空が明るくなるのに気がつくのです。日の昇らない一日などはありません。

精神科診療所での身の上相談にしても、メディシンマンの治療態度にも、底には今述べたような前提が横たわっています。治療者はひたすら夜明けを待ちながら、ネガティブ・ケイパビリティを保持し続ければいいのです。

どうにもできない状況を、ネガティブ・ケイパビリティの力で持ちこたえていくうちに、状況が好転していく。そんな最も明らかな例が、これから説明するプラセボ効果です。

プラセボ（偽薬）の原義は、ラテン語で「私は喜ばす」です。プラセボ効果とは、本来効力のない物質や処置に対して、生体が効力があったように反応する事実をさします。

前述したメディシンマンの薬草も、大いにこのプラセボ効果をねらっていると考えられます。遠くて高い山の上にのみ生息する植物から作った薬ですから、貴重そのものであり、効かないはずはありません。そう思って煎じ薬を飲んだ病人は、絶対治ってやるという気持になり、実際に病状の好転を感じるものです。その効果が永続するかどうかは、不確実とはいえ、全く無効だとはとても考えられません。

このプラセボ効果の研究が、本格的に始まったのは一九七〇年代です。まず薬剤の投与法、薬剤の色と大きさ、内服する錠剤の数によって、人の反応が異なる事実が明るみに出ました。

入院中の患者に薬を飲ませるとき、ベッドの傍に看護師が来て手渡すよりも、主治医がわざわざやって来て飲ませたほうが、効果は大です。投与法は、注射のほうが錠剤よりも効き目があります。もちろん吸収率などの差をさし引いてもです。

中味の薬の量は同一でも、大きい錠剤のほうが小さい錠剤よりも効果が出ます。とはいえ、極小の錠剤は、並の大きさの錠剤よりも薬効が大です。錠剤よりも、カプセルのほうが効果があったという報告も出されています。

薬剤の色に関してはどうでしょうか。これには、薬学部の学生を対象にした実験があります。何の成分もはいっていない錠剤で、青とピンクの二種を用意して、「これは気分を変える薬です」と前置きして服用させます。すると三割の学生が気分の変化を実感しました。青色の錠剤を飲んだ群は気分の落ち込みを感じ、ピンクの錠剤を試した群は、気分の高揚を報告したのです。しかも一錠飲んだ群よりも、二剤服用した群のほうが気分の変化が大きかったのです。

一九八〇年代初頭に実施された実験では、八百三十五人の頭痛を訴える女性患者を四群に分けています。A群はただ単に〈鎮痛薬〉と書いたプラセボ、B群は鎮痛薬の有名ブランド名を記したプラセボ、C群は〈鎮痛薬〉とのみ記されたアスピリン、D群はB群同様に有名ブランド名を記したアスピリンを投与しました。

一時間後、頭痛がどのくらい軽くなったかを点数化して返答を集計すると、鎮痛効果はDCBAの順でした。プラセボよりもアスピリンの実薬のほうが効果があったのはいなめません。しかし有名ブランド名を記したほうが、偽薬、実薬ともに効果大だったのです。

また、二百人の不定愁訴の患者に、医師が四とおりの対応をして改善率を比べた実験もあります。A群では、医師は診断名を告げ、「たいしたことありません」と言って帰します。B群では、やはり医師は同じ対応をして、ビタミン剤を渡して「この薬が効きます」と言うのです。C群では、医師は首を捻って「よく分かりません」と言って帰します。D群では、「よく分かりません」と言いつつも、ビタミン剤を渡して「この薬が効きます」と言うのです。

ここでのビタミン剤は、一種のプラセボです。はたして改善率はどうだったでしょうか。AとBは64%、Cが56%、Dが43%でした。

つまり、医師は首をかしげて「分からない」と言うよりも、まがりなりにも診断名を告げたほうが改善率がいいのです。この場合、プラセボを服用させたほうが改善率がいいはずなのですが、結果はそうなっていません。解釈が難しい点ではあります。

また「分からない」と首をかしげた場合、いくらプラセボを渡しても、効果はありません。

疼痛におけるプラセボ効果

プラセボ効果が出やすいのは、何といっても疼痛です。一九七〇年の後半に報告された実験は、実に心憎いまでに設定されています。親不知を抜歯したあとの痛みに対して、抜歯二時間後に、「鎮痛剤だ」と患者に言って、生理食塩水を静脈注射します。生理食塩水はプラセボです。

一時間後、ほとんどの患者が痛みの軽減を報告しました。それを二群に分け、A群にはもう一度生理食塩水、B群にはナロキソンを注射しました。ナロキソンは、脳内麻薬物質であるエンドルフィンの効果を遮断する働きがあります。

するとA群でさらに痛みの軽減が起こったのに対して、B群では痛みが増したのです。この実験によって、プラセボの投与は単なる暗示ではなく、脳内麻薬物質であるエンドルフィンを分泌させる力がある事実が判明したのです。まさしくプラセボによる「気のせい」で、エンドルフィンが出、痛みをやわらげていたのです。画期的な発見でした。

一九九〇年代後半になると、さらに巧妙に工夫された実験が登場します。痛みを起こす刺激として用いられたのは、血圧測定のときに使う駆血帯です。痛みを、「痛みが全くない」1から、「耐えられない痛み」10まで、段階づけをして、7の痛みに達したとき、操作を加えます。

被験者はＡＢＣの三群に分けられています。Ａ群は知らないうちに生理食塩水、Ｂ群は同様に知らないうちにナロキソン、Ｃ群には「今から鎮痛薬を注射します。何分かすると痛みがやわらぎます」と言って、生理食塩水を注射するのです。

すると、Ａ群とＢ群では、どんどん痛みの度合いが強くなり、約三十五分後には10の痛みに到達しました。反対にＣ群は、五分後から痛みが減り出し、二十五分後には痛みは5になりました。その後は横這いです。

しかし巧妙なのは、この先の第二段階の実験です。Ｃ群が、隠された注射によってさらに三群に分けられました。注射をするタイミングは、痛みが横這いの5まで下がる二十五分後より遡ること十分前です。つまり実験開始からすると十五分後になります。三群とも注射をされたかは分からない仕組みになっています。おそらく点滴をずっとしていて、途中から側管を通じて注入したのでしょう。

その時点でａ群には生理食塩水、ｂ群にはナロキソン、ｃ群にはプログルマイドを注射します。前述したようにナロキソンが脳内麻薬物質のエンドルフィンの分泌をブロックするのに対して、プログルマイドは逆にエンドルフィンの効果を加速させる性質を持っています。

この隠れた注射から十分後、つまり実験開始から二十五分後に、三群の反応に差が出たでしょうか。まずａ群では、痛みはそのまま5にとどまりました。ところがｂ群では、痛みが増して7まで上がったのです。一方でc群では、痛みはさらに4まで下がりました。

この実験から二つの事実が判明しました。第一段階の実験が明らかにしたのは、プラセボとしての生理食塩水も、被験者が前もって説明を受けて希望を抱いていないと、何の効果も生まないということです。

第二段階の実験からは、プラセボ効果による鎮痛効果は、「暗示」でも「気のせい」でもなく、脳内麻薬物質エンドルフィンが生んだものだということです。だからこそ、阻害薬のナロキソンで効果は消失し、プログルマイドによって効果が強化されたのです。

プラセボ効果の裏には、期待があることも一九九〇年代になるとはっきりしてきます。これはカフェインだと言って、実はプラセボを飲ませて、車の運転技術の変化を調べたところ、ぐんとスコアが上がっているのが確認されました。

同じ期待の効果は、エアロビクスでも証明されています。インストラクターがこれは健康にいいと口すっぱく教示して、レッスンをしたほうが効果が大になっています。

これらのプラセボ効果における期待の貢献は、後述する外科手術でも、全く同じです。

二〇〇〇年以降、プラセボによる鎮痛効果をより細かく調べるために、機能的磁気共鳴画像（fMRI）や陽電子放射断層撮影（PET）、近赤外線スペクトロスコピー（NIRS）などによる機能的脳画像研究が盛んになりました。

明らかになったのは、プラセボによるエンドルフィンの放出は、脳の前頭前野が活性化されるからだという事実でした。前頭前野は、痛みを評価して、不快な気分や嫌悪感とつなげる司令室のような場所です。プラセボはこの司令室に働きかけ、トップダウン式に、エンドルフィンを分泌させて痛みをやわらげているのです。

このプラセボ効果は、もちろん痛み以外の分野でも証明ずみです。高血圧の患者に、降圧剤だと言ってプラセボを投与すると、血圧は下がります。

狭心症の患者に、ニトログリセリンのプラセボを投与しても、心電図の異常が減り、患者は運動しても異常を感じにくくなります。実際に、ニトログリセリンの摂取量を増やさないために、プラセボを投与する内科医もいるくらいです。

腹痛や下痢を繰り返す過活動性腸管症候群でも、プラセボ投与で症状は軽くなります。婦人科領域でも、患者を苦しめる子宮内膜症に対して、有効薬とプラセボを比較した二重盲検法での研究があります。患者も医師も、本物の薬かプラセボかは知らないまま、薬が投与され、最後に第三者が効果判定をするのが二重盲検法です。もちろん有効薬の効き目には劣ったものの、プラセボでも大きな効果を認めています。

外科でのプラセボ効果

それでは外科系でのプラセボ効果はどうでしょうか。薬を使う内科系と異なり、外科ではプラセボ効果などあるはずがないと考える向きも少なくないでしょう。ところが外科の領域でも、プラセボは絶大な効果を発揮します。

外科でのプラセボは、シャム・サージェリ（sham surgery：ニセ手術、手術のまねごと）と言います。つまり、見せかけの手術です。

今でも語り草になっているのが、一九五〇年代に狭心症の患者に行われた内胸動脈結紮《けっさつ》術です。この動脈は胸の中を流れていて、大した役目をしていません。これを縛れば逆に迂回路として心臓の冠動脈に行く血流が増して、狭心症が改善するのではないかという仮説が根拠になりました。

実際に手術でその動脈を結紮すると、91％が改善、64％は治癒したと報告され、手術は一躍ブームになりました。

ところが数年後、別の外科医が十三名には本物の手術をし、五名には動脈結紮だけはしないで、その他は何から何までそっくりに行う手術をして、結果を比較したのです。すると本物の手術をした十三名中十名が改善、残り三名は治癒しました。他方、ニセの手術を受けた五名中、三名は改善、二名は治癒していました。つまり差がなかったわけで、この術式はあっという間にすたれてしまいました。

整形外科の分野でも、この種の例にはこと欠きません。膝関節症に対して、関節内内視鏡による手術は、今でもよく実施されています。この手術をＡＢＣの三群に分けて、効果を比較した研究があります。

Ａ群では、膝に小切開を加え、いかにも内視鏡を挿入したような印象を患者に与える手術をします。Ｂ群では実際に内視鏡を挿入して、関節内を洗浄します。Ｃ群では、関節内を洗浄したあと、軟骨表面の凹凸面を削って滑らかにします。術後効果を二年間追跡すると、三群とも改善率は50％でした。つまり、手術を受けたという安心感が、プラセボ効果になって改善をもたらしたと言えます。

整形外科でのもうひとつの劇的な実験は、骨癒合に関してです。脛骨の骨折に対して、その部位に磁場をかけると、骨の癒合が促進されるという報告が出され、これまた一躍ブームになりました。私も医学生の頃、この話を授業で聞き、大した発見だなと感心した記憶があります。

後日この報告の真偽を確かめるため、患者をＡＢ二つの群に分けて、比較実験が実施されました。Ａ群では、骨折部位を実際に磁場にさらし、Ｂ群はコンセントを外して電源を切り、同じ装置の中に置いたのです。二十四週後に癒合の状態が調べられました。するとどうでしょう。電源入りのＡ群九名中の五名、電源を切ったＢ群七名中五名で、癒合が速くなっていたのです。磁場そのものの効果ではなく、最新の装置で最新の治療を受けているという認識が、癒合促進に働いたと解されました。

脳外科の分野でも、パーキンソン病の患者を対象にした二つの実験があります。

ひとつは、患者の脳内に、死亡胎児の脳の中の黒質（ドーパミンを産生する細胞が集積）を移植する手術です。パーキンソン病では、脳内の黒質が減り、ドーパミンの分泌が少なくなっています。その欠乏を、拒絶反応の少ない胎児脳の黒質を注入して補う試みです。結果は大きな成果を上げ、患者の歩行も手指振戦も改善しました。

ところが、頭蓋に穴を開けただけで、胎児黒質は注入しない見せかけの手術でも、同等の率で改善がもたらされたのです。しかもどちらの手術でも、術前に、手術に対する期待度が高いほど、改善率も高いという結果が出ました。つまり、「希望」がプラセボ効果を生んだと解釈できます。

同じように、パーキンソン病の患者の視床腹側部に、催吐剤のアポモルフィンを投与する治療も、一時話題になりました。これによって症状である筋強剛《きんきょうごう》（筋肉の硬直）も程度が軽減したというのです。

しかしこれも、後日、生理食塩水を注入しても、同等の改善率が得られると分かり、熱はさめました。

また別の面でのプラセボ効果の研究も、一九八〇年に出されています。冠動脈疾患を持つ千百三名の男性に、コレステロールを下げる薬を投与する群と、プラセボを投与する群とに分け、五年後の死亡率を比較しました。すると、死亡率は全く同じで、本物の薬でもプラセボの薬でも、ちゃんと飲み続けた人のほうが生存していたのです。

これは、薬をきちんと服用することによって、毎日の生活も規則正しくなり、暴飲暴食もしなくなるという事実が背後にあると考えられました。私流に言えば、これは全くの目薬です。プラセボを出しても、あなたの病気はちゃんと私が診ていますという目薬が効いていれば、患者さんの日常生活も乱れず、従って養生ができるというわけです。ここにもプラセボの使い方のヒントが隠されています。

医療とプラセボの歴史

改めて医療の歴史を辿ってみると、プラセボの歴史そのものだったことが分かります。その代表格が、静脈を切開して血液を体外に出す瀉血《しゃけつ》です。病人から血を抜きとるこの恐ろしい治療法は、古代メソポタミア、古代エジプト、古代インドに起源を持ちます。医学の祖とされるギリシャのヒポクラテスも、瀉血をしていました。紀元前五〜四世紀の頃です。哲学者であり、解剖学者・生理学者でもあったアリストテレスも瀉血を推賞しています。

その後、中世に隆盛を誇ったアラビア医学でも、瀉血は欠かせない治療法でした。十三世紀創設のモンペリエと言えば、欧州で最先端の治療をしている大学でした。そこでも瀉血はよく行われ、当時の学説は、精液うっ滞の結果として血液腐敗が生じるので、瀉血は必要と見なしたのです。そのため修道士は年数回の瀉血を好んでし、一般の人も瀉血を健康法にしていました。

十六世紀になって欧州で外科学が台頭しても、フランス、オランダ、英国、ドイツで瀉血は行われ、十七世紀にはいっても続けられました。

十八世紀になると、瀉血学派はいよいよ血気盛んになり、パリ大学の著名な病理学者は、蛭《ひる》による吸血療法を広め、世界中から年間四千万匹の蛭を輸入したと言われています。

十八世紀後半になっても、瀉血は続きます。適応は、感染症や貧血のみならず、あらゆる疾患に及びました。

なるほど、利尿薬がなかった当時、脳出血やうっ血性心不全の患者には、ある程度有効だった可能性はあります。しかし一七九九年、感染性のアンギナ（急性咽頭炎）で喉頭が狭窄した合衆国大統領ワシントンに対して実施された合計二・五リットルもの瀉血は、致命傷になってしまいました。

瀉血は、血を排出させる治療法ですから、見た目には劇的です。この治療法の有効性を治療者と患者が信じていれば、プラセボ効果がいやがうえにも高まり、少量の瀉血であれば、一時的にしろ改善がもたらされたはずです。ですから、古代から治療法としての輝きを失わなかったのでしょう。

こうしたプラセボ効果がより鮮明になったのは、第二次大戦後です。薬品の開発にあたって、その有効性を証明するのに、対照として使われたのがプラセボでした。

以来、製薬会社にとって、プラセボ効果は邪魔者になったのです。目の上のたんこぶのように、消し去りたいものであり、最大限に過小評価すべき対象になりました。

さらにこのプラセボ敵視と無視に拍車をかけたのが、一九七〇年代から傾向が出始めた、二重盲検法からのプラセボ廃止です。新薬の対照として使用されるのがプラセボではなく、既存薬になったのです。既にある有効と認められた薬と、新しく開発された薬を競い合わせ、同等の効果以上か、副作用が少なければ新薬として認可されるようになりました。こうなると、もう製薬会社からも医療者からも、プラセボの存在すら消えてしまいます。プラセボ効果にとって、暗黒の時代にはいってしまいました。

他方、心理学的にも面白いプラセボ効果を研究しなければならないはずの心理学者たちも、本気で実験に取り組もうとしませんでした。その理由は二つあります。ひとつはプラセボ効果があまりに漠然としていて焦点が絞りにくく、予見性や再現性に困難がつきまとうからです。

二つ目の理由は、動物実験がしにくい点でしょう。どう考えても、イヌやネコ、ラットやマウスでプラセボ効果は起こらないでしょう。チンパンジーならいいかもしれませんが、実験の組み方自体、どこから手をつけていいか分かりません。

また医療行政側にとっても、プラセボ効果を保健行政に生かすなど、雲を摑むような話です。ニセ薬を飲ませたと、住民から訴えられては元も子もありません。

こうして、医療の現場からプラセボ効果への言及は消え、全く存在しないものになってしまったのです。世界を代表する内科学の教科書からも、プラセボに関する記述は消えてしまいました。

その半面、このプラセボ効果に目をつけて、金儲けの道具にしてしまったのが、一部の素姓怪しい医療機器や、サプリメントを売りつける悪徳商法です。数年前、「波動水」と称して、ただの水を売り、年間三十四億円を売り上げていた福岡の会社が詐欺で検挙されました。利用者に誇大な宣伝文句をシャワーのように浴びせかけて、信頼を勝ち得たあと、数十万単位で商品取り引きを成立させていました。プラセボ効果を最大限に利用しているので、無効とばかり言えず、効くことは効くでしょう。今後も絶えることなく、この種の商法は手を変え品を変えて存続していくはずです。

二十一世紀のプラセボ効果

ようやく二十一世紀になって、医学医療の分野でも、プラセボ効果を正当に扱うようになりました。これには、二重盲検法の対照として、既存薬ではなく、かつてのようにプラセボを使わなければならなくなったという制度の変更があります。三十年にわたって暗闇に押し込められていたプラセボが、再び晴れ舞台に引き出されたのです。

このとき新しく浮上してきた考え方が、NNT（number needed to treat）です。分かりやすく言えば、「プラセボと比較して、有効性を実感できるのに必要な例数」です。

新しく有効性を確かめる実薬と、プラセボの差が歴然としていれば、十名の例数でも統計的な差が出ます。しかし微妙な優劣の差だった場合、統計的な差を出すには千名の患者が必要になります。

こうして、製薬業界にとって、プラセボはごまかしがきかない強力な競争相手になります。二〇〇九年には、期待された新規血栓溶解薬が、最終的な第三相試験でプラセボと同等だと評価されました。また二〇一五年には、糖尿病に対する新薬が、プラセボと比べて優越性が認められない結果が出されています。

二〇〇九年には、米国で慢性腰痛の患者六百三十八例に対して、通常の薬物療法と正式な鍼治療と疑似鍼治療の比較が行われました。いわゆるプラセボのシャム鍼治療では、鍼ガイドチューブにつま楊子を入れ、皮膚には刺さず、経穴（つぼ）を軽く叩いたり、ひねったりしたのです。七週間治療したあと、八週目に調べると、効果は本物の鍼治療と疑似治療で変わらず、この二つとも、通常の薬物療法よりも改善率が高かったのです。この実験から、「長期の薬物療法では副作用が懸念されるので、途中で経穴刺激を行う種々の治療法に切り換えるのは合理的な選択である」という結果がもたらされました。

二〇一〇年に実施された、軽度から中等度のパーキンソン病の患者三十五例を対象にした実験も功妙です。患者を四群に分け、それぞれに実薬であるレボドパが処方される可能性を25%、50%、75%、１００%と伝えて、すべてにプラセボを投与したのです。四群とも投与前後で、ＰＥＴでドーパミン放出度合いを調べました。すると、75%の確率で実薬が投与されると聞かされた患者群で、ドーパミンの放出が確認されました。他の三群では放出はなかったのです。この結果から、患者の期待が間違いなくプラセボ効果を増強する事実が判明したのです。

二〇一五年に発表された実験では、プラセボ効果が出やすいパーキンソン病の患者を選んで「高価な新製剤」を投与すると説明された群と、「安価な通常の薬」を投与すると説明された群で、運動機能の改善を調べています。もちろん双方とも、投与するのはプラセボです。すると結果は予想したとおり、高価な新薬で治療されていると説明された群のほうが、有意に運動機能が改善しました。「期待」が大きなプラセボ効果を生んだと言えます。

二〇一一年に発表された米国の実験の対象は、喘息《ぜんそく》患者でした。喘息には気管支拡張薬のアルブテロールが有効です。そこで慢性喘息患者三十九名を四群に分け、A群はアルブテロール吸入薬投与、B群にはプラセボの吸入薬投与、C群は偽鍼治療、D群は非介入としました。結果の解析には、客観的指標としてどれだけ空気を吐けるか調べるスパイロメトリーと、主観的指標として自己報告による症状改善度記録が使われました。

すると結果は、スパイロメトリーでは、A群でのみ20％の改善があり、BCD群ではともに0％でした。ところが自己報告による症状改善度では、A群50％、B群45％、C群46％の改善度を認めました。三群間に有意差はなしです。D群ではもちろん改善はありません。

この結果から導かれた結論は、「治療を受けているという実感が、症状に改善をもたらす」でした。言い換えると、治療という「儀式」が治療上、強力な力を持つのです。

これは、前に述べたメディシンマンの治療態度を彷彿させます。

それではたして現在の医師たちも、メディシンマン同様に、プラセボ効果を利用しているでしょうか。二〇〇八年の米国のアンケート調査では、半数以上が日常的にプラセボ薬を処方すると答えました。

この調査では、慢性症状の治療を多く行っている千二百人の医師に調査表を送り、六百七十九人から回答を得ました（回答率57％）。すると62％が「日常的にプラセボ薬を処方し、これは倫理的にも許容される」と答えたのです。プラセボ薬としては、弱い鎮痛薬やビタミン剤、抗菌剤、鎮静薬が使われていました。

最近ではリウマチには大変有効な薬剤ができているので、プラセボを投与するリウマチ専門医は少ないはずです。

精神医学の分野でも、向精神薬の新薬とプラセボの比較は盛んに行われています。どの治験を見ても、プラセボはよくやっているなというのが、正直な感想です。

例えば、代表的な抗精神病薬であるオランザピンとプラセボを、うつ病患者に六週間投与した治験があります。症状改善で有意差が出たのは、「内的緊張」「不眠」「食思不振」「悲観的思考」の四項目で、「外見上の悲しみ」「悲観的な発言」「集中力低下」「全身倦怠感」「感情喪失」「自殺念慮」

の六項では、有意差は出ていません。

反対に副作用の出現を見ると、オランザピン投与群で、体重増加とコレステロール値の上昇、γ-GTP上昇、プロラクチン値の上昇が有意に出現しています。

副作用も考慮すると、はたしてどちらの薬剤が推賞されるべきかは、微妙です。

もうひとつの代表的な抗うつ薬であるエスシタロプラムとプラセボの比較を、投与八週後に調べると、抑うつの点数の低下が、エスシタロプラムでマイナス十八であるのに対し、プラセボではマイナス十四で、なかなかの効果を出しています。大まかに言って、抗うつ薬の効果を百とすれば、プラセボの効果はその六割から七割と考えるのが妥当です。

この他の抗うつ薬とプラセボの比較研究から、うつ病の軽症から中等症に対しては、抗うつ薬の効果はほとんどなく、副作用を考慮すると、プラセボのほうがいいのだと結論されています。

ノセボ効果という副作用

ここで注意しなければいけないのは、プラセボでも副作用が出るという驚くべき事実です。これをノセボ効果と言います。

例えば、抗うつ薬のミルタザピンとプラセボの副作用を比較すると、頭痛と体重減少はプラセボ群に多く、口渇と眠気、過鎮静、食欲亢進、体重増加はミルタザピン群で高くなっています。

このノセボ効果がどこに由来するのか、まだ解明はされていません。しかしプラセボ効果と同様の機序で、副作用が生じているのは予想がつきます。

このノセボ効果は、もちろん実薬でも生じ、もともとある副作用がさらに増強します。

こうなると、精神科医がうつ病の患者さんに、よそよそしい態度で抗うつ薬を投与しても、ノセボ効果ばかり出て、実薬に上乗せされたプラセボ効果はゼロになり、全体では抗うつ効果は期待できません。逆に、患者さんが全幅の信頼を置く精神科医が、「これはうつによく効きますから」と言って、ビタミン剤を投与しても、抗うつ効果は大いに得られるはずです。

私自身、薬嫌いな患者さんには薬を出しません。通常効くと思われる薬を投与しても、その副作用に加えてノセボ効果ばかり出るからです。いよいよ患者さんが困り果て、何かいい薬はないですかと願ったときは、ほんの少量の薬でも効きます。そんなとき、私自身、これはプラセボ効果だなと思い、短い診療時間ながら、月に一、二回の出会いを大切にするのです。ネガティブ・ケイパビリティを味方につければ、どんな難病にも対峙していけます。

プラセボ効果を生じさせる必要条件は、「意味づけ」と「期待」です。治療を受けているのだと患者さんが感じ、病気が軽減されると期待を持ったとき、脳が希望を見出して、生体を治癒の方向に導くのだと考えられます。意味づけと期待に対して最も活動性が高まるのは前頭前野でしょう。希望する脳がプラセボによって点火され、トップダウン式に、脳の深部、ひいては体内の自然治癒の仕組みによい影響を与えるのです。

ノセボ効果は、服薬にまとわりついている副作用の記憶が前頭葉に甦って、さまざまな感覚を生じさせるのかもしれません。

となると、認知症の患者さんにプラセボ効果は期待できるか、という疑問が当然生じます。現在日本では四種のアルツハイマー病治療薬があります。いずれも、プラセボと比較してその効果が認められた薬です。抗うつ薬と同じく、プラセボでも改善が見られています。

これは、たとえ認知機能が落ちても、プラセボに意味を見出し、希望を持つという脳の機能はまだ保たれていることを意味しています。

前のほうで、イヌやネコにはプラセボ効果はないと推測しましたが、案外動物全般が有する能力なのかもしれません。病気のペットを介護した経験のある人なら、イヌやネコでも当然プラセボ効果はあります、と答えるはずです。

プラセボ効果を考えると、私たち現代の治療者もメディシンマンと同位置に立っていることが分かります。双方とも、いかにどうにもできない状況においても、ネガティブ・ケイパビリティを大いに発揮し、プラセボ効果に訴え、希望する脳に刺激を与えれば、一条の光明を見出せるのです。

ここで私は、一九七九年ノーベル平和賞を受けたマザー・テレサの言葉を思い出します。

――誰に対しても、治療するだけというのは大変な間違いです。私たちは、心のすべてを差し出さなくてはなりません。

第七章　創造行為とネガティブ・ケイパビリティ

精神医学から探る創造行為

キーツがネガティブ・ケイパビリティの概念に行き着いたのは、自らの詩作行為と、シェイクスピアへの心酔からでした。真の創造行為には、ネガティブ・ケイパビリティが欠かせないと気がついたのです。

創造（ラテン語でcreatio）の原義はto bring into beingで、「（無からこの世に）存在させる」です。まさしく、神の業だと言えます。つまり創造行為は、人間が神の位置に立って、無から有を生じさせる営為なのです。だからこそ、通常の能力ではなく、ネガティブ・ケイパビリティが介在しなければならないのだとも考えられます。

他方、精神医学は、この創造行為と癒しを常に関連づけて考察してきました。芸術を、芸術家の精神状態と結びつけて読み解く病跡学の発達はその好例です。

一般に創造行為は、その本人に癒しをもたらすと信じられています。当人が持つ病理性を、芸術という対象にぶつけて昇華させ、健全さを取り戻すというわけです。

しかしこの過程が容易でない事実は、多くの研究が明らかにしています。

芸術家にはアルコール依存症が多いという調査も、既に一九九〇年代に報告されています。同時期、芸術分野だけでなく、科学や経済界で創造性を発揮した人物の調査結果も、多くが薬物依存や自殺企図、躁病や不安障害、適応障害など、精神的問題をかかえていたことを明らかにしています。

二十世紀ニューヨーク派現代絵画の画家十五人に関する研究結果は、さらに悲惨です。四割が精神科治療を受け、二割は精神科病院に入院し、二人は自殺、二人が交通事故死、七人は六十歳前に死亡するという短命でした。この調査をした研究者は、芸術活動そのものが、人生の孤独な深淵を見せつけ、画家はその悲劇性に打ちのめされたのではないかと、推測しています。

となると、創造行為が健康生活に直結して癒しをもたらすという考えは、あまりに表面的な見方であるようにも思われます。

創造行為の内実を精神医学から探る方法には、大別して二つあります。そのひとつがこれまで述べてきたような、創造性と精神障害の関連を調べるやり方です。もうひとつは、心理学的、精神病理学的に、創造性そのものを解析する手法です。

もう少し、第一の視点による研究成果を辿ってみましょう。やはり一九九〇年代、科学、政治、思想、芸術の分野で創造性を発揮した二百九十一人を調べた研究があります。おしなべて最も多いのが人格障害でした。なんと作家で七割、思想家で六割、政治家で五割に達しています。

作家の創造性と気分障害（うつ病や躁うつ病）の関連を指摘した一九八〇年代の米国精神科医アンドリアセン女史の研究も有名です。三十人の作家と対照群を比較すると、作家群で躁うつ病が有意に多く、その家族にも創造性と気分障害を持つ者が多かったのです。アンドリアセンは、躁うつの体験が創造性を高めるのではないかと推測します。つまり、うつ病期のときがいわば創造の培養期に相当し、躁病期になってそれが一気に花開くと見るのです。

女性作家のみ五十九人を対照とした一九九〇年代の研究でも、気分障害が多いという結果を得ています。この報告者は、創造行為が精神障害という人生上の重荷を軽減するのに役立ったと見ています。

衝撃的な論文は、米国のノーベル賞作家の七割がアルコール依存症だったという報告です。槍玉にあげられたのは、シンクレア・ルイス、ユージン・オニイル、パール・バック、ウィリアム・フォークナー、アーネスト・ヘミングウェイ、ジョン・スタインベック、ソール・ベロウなどです。この報告者は、作家たちが創造行為の賦活物としてアルコールの力を借りたのではないかと解釈しました。

その他、統合失調症の性向と創造性を論じた研究もあります。概して統合失調症の傾向を持つ人は、新しいものの見方や、原始的な思考様式を持っていて、これが創造性に結びつくというのです。

創造行為の苗床として、ストレスの重要性を強調する論文もあります。子供時代の不幸、例えば孤独、不安、生存への脅え、葛藤体験が、創造行為に対する持続的な動機づけを生むのです。

美術分野での創造行為を解析した研究もあります。画家はまず、未知の表象に何がしかの構造を見ます。次にそれを緊密化しながら、白昼夢のように知覚し、最後に形象として表現するのです。この過程は、①問題の措定、②抱卵期間、③洞察、④伝達、の四段階を踏むのだと、この研究者は考えています。

芸術家の認知様式

創造行為をする芸術家の認知様式に注目した論文もあります。その特徴的な能力とは、対立する曖昧な情報を統合する力、言い換えると、二つ以上の正反対の思想や概念、表象を同時に知覚して使う能力です。

別の研究では、創造性の源になる認知の形式を六つの次元に分けて考察しています。それは、①知性、②知識、③能力をどこに集中させるかという知的様式、④性格、⑤動機づけ、⑥環境、の六つです。

このうち④の性格特徴として指摘されているのが、いみじくも「曖昧な状況に耐え」、「切れ切れのものが均衡をとり一体となるのを待ち受ける能力」です。

どうでしょうか。二百年前にキーツが発見したネガティブ・ケイパビリティを彷彿させませんか。詩作過程において、このネガティブ・ケイパビリティのあり方を、キーツは理解者でもあり庇護者でもあったリチャード・ウッドハウスに当てた、一八一八年十月二十七日付の手紙の中に書き記しています。キーツは、偉大な詩人は「アイデンティティを持たず」「この世の事物の中で最も詩から程遠い」存在だと定義します。そしてキーツ自身も、「私の発する詩的言語は、一語たりとも私の個人的な性質から派生したものではない」と断言します。それでは、「個人的な性質、アイデンティティを持っていないのに、どうして詩作が可能だろうかと」自問します。

詩的言語が生まれる具体的な状況として、キーツは次のように言います。「私が部屋の中で他の人々と一緒にいるとき、自分の脳が創り出すものにはとらわれず、私自身を私に帰さずにいます。するとすぐに同席しているひとりひとりのアイデンティティが私に迫って来て、ほんの一瞬、自分が無になるのです」。自分が無になったところから、詩的言語が発せられると、キーツは白状しています。

本章の冒頭で、多くの芸術家たちがアルコールに溺れ、また精神の不調をきたしたのを見ました。これは、創造行為に伴うネガティブ・ケイパビリティの欠如だったとも解されるのです。

小説家は宙吊りに耐える

ネガティブ・ケイパビリティが最も自戒するのは、性急な結論づけです。しかし同様の自戒は、精神分析学のフロイトも、現象学のフッサールも提起していました。

例えばフッサールの現象学的還元は、観察者が自らの偏見や主観を消し去って、純粋無垢な眼を手に入れるための試みです。

一方、フロイトの自由連想法では、患者は自らを括弧に入れて、想起された事柄すべてを口にします。その事柄が重要であるか、そうでないかの判断は棚上げするのです。もちろん治療者のほうも同様です。成り行きにいかなる目的も持たず、連想や治療の新たな展開にも、驚きをもって身を任せ、終始とらわれのない心眼を開いておくのが理想とされます。

フッサールが外側から世界を括弧に入れたとすれば、フロイトは内側からそれを試みたと言えます。

私自身、もう三十五年以上も前、『鬼平犯科帳』の作者である池波正太郎氏が、ある月刊誌で編集者と対談したときの記事を読んだことがあります。

池波氏が週刊誌に時代小説を連載していた頃です。ある回の最後のところで、夜道を歩いていた主人公の侍が、背後から一太刀を浴びせられます。瞬時に身をかわした場面で、その回は擱筆したのです。

担当の編集者が、「この切りつけた男は、いったい何者ですか」と訊いた返事が、「いや私も実は分からんのだよ。来週になれば大方の見当はつくと思うが」でした。

このやりとりを読んだ私は、何と無責任な作家だろうと、腹が立ちました。

しかし、創作とはそういうものだと、今では池波氏が到達していた境地に敬意を払うばかりです。物語を書き進めていた池波氏は、主人公の動きを追いつつ、多分にどこか身の危険を感じる気配を感じたのです。そのとき、作者は物語の主人公に一体化していたと言えます。背後に忍び寄る影をひしひしと感じ、闇の中を急ぎます。鯉口の切られる音、太刀が鞘《さや》から抜かれる音を耳にしたかもしれません。殺気を感じ、横に飛ぶのと、刃が月光に光ったのは同時でした。

次の回で、おそらく主人公は、身をかがめて、「誰だ?」と問うでしょう。もう右手は刀の柄を握っているので、相手が二太刀目で襲ったとしても抜き打ちざまに胴を払うことができます。

睨み合いになって、相手が逃げ去るか、切り合いになるかは、作者の想念次第です。相手の素性が月の光で露呈するか、あるいは黒頭巾をかぶっているので見えないか、それも作者の思念次第です。その場面に至らないと、予想はつけがたいのです。

小説を書くのは、まさに暗闇を懐中電灯を持って歩くのと似ています。星の位置から、目ざす方向はおよそこの道だとは分かります。しかし道がこの先、真直ぐなのか曲がっているのか、行き止まりなのかは見当がつきません。平坦な道なのか、砂利道なのか、途中で川を渡らねばならぬのかも、知るよしがありません。分かるのは、懐中電灯の光が及ぶ範囲だけなのです。十メートル進むと、新たに十メートル先が見えます。一度に百メートル先までは見通せません。

短篇にしろ長篇にしろ、本質に変わりはなく、起筆したときに最後がどうなっているかが、既に頭にはいっているのは例外中の例外でしょう。通常、作家はそんなことをしません。したとしたら、段取り小説になって、面白くもないはずです。

私自身、四百字詰めの原稿用紙の四枚先は読めません。おぼろげに見通しをつけて書き進めるので、大筋の方向性は見えています。しかし細部は、現在書いているところとその先一枚くらいしか、頭の中にはありません。

書き進めながら、ふと当初とは異なる道筋が見えたときなど、逆に快哉を叫びたくなります。この瞬間こそが大切なのです。ある人物が予想とは違った発言をしたり、頭の中に既にあった成り行きとは異なる展開になったときが、それです。

そんなときはもう筆のおもむくままに、その新しい方向に進むほうが、段取り小説よりも格段にリアリティに富む、面白い小説になります。作家は、日々この宙ぶらりんの状態に耐えながら、わずかな懐中電灯の光を頼りにして、歩き続けなければなりません。

詩人と精神科医の共通点

医師になる道を歩んでいたキーツは、途中で詩人になる道を選びました。キーツにとって、医学は詩作と対極の位置にあると思えたからでしょう。詩人が、自らのアイデンティティを消し去って、深く対象の中にはいり込むのに対し、医学は既に確固たるアイデンティティを獲得しており、明らかな目的と手段で患者に相対するからです。

ところが医学でも、精神医学は特殊な位置にあります。簡単に言えば、さしたるアイデンティティも、確実な目的も治療法も手にしているとは思えません。詩人と精神科医は、違いよりも似た側面が多いのです。

作家は物語中の主人公を、自分の頭で創り出しはするものの、一〇〇％責任をもってその主人公を動かしていくかと言えば、そうではないのです。主人公が自分で動いていくので、作家はそれを追うだけの存在になります。だからこそ、前に述べたように遠い先までは見通せないのです。

精神科の治療も、これと類似しています。患者さんは千差万別であって、誰ひとりとして同一人物はいません。同じ診断名であっても、人となりと置かれた環境は違っています。教科書や治療指針はあっても、大まかな道筋を示すだけで、マニュアルの域にも達していません。精神科医はだからこそ何とか自分なりに工夫し、患者と相談しつつ道を歩いていくしかないのです。

悪く言えば五里霧中、少しましな言い方をすれば、二人で月の光の下、岸の見えない湖をボートに乗って漕ぎ進めていくようなものです。オールを漕いでいるのは患者さんの場合もあるでしょうし、治療者が患者さんの指示でオールを漕いでいる場合もあるでしょう。

作家と精神科医という二つの仕事が、私の中で矛盾せず、ひとつに溶け合っている理由は、以上の事情があるからです。患者さんへの接し方と、自分が創り出した登場人物への接し方が、瓜二つなのです。何事も決められない、宙ぶらりんの状態に耐えている過程で、患者さんは自分の道を見つけ、登場人物もおのずと生きる道を見つけて、小説を完結させてくれるのです。

第八章　シェイクスピアと紫式部

キーツが見たシェイクスピアのネガティブ・ケイパビリティ

二〇一六年は、シェイクスピアの没後四百年だったので、多くの作品が世界中で上演され、また多数の評論も出ました。週刊誌の「タイム」、二〇一六年四月十一日号は、シェイクスピアの作品の後世への影響を一覧表にしました。

作品を喜劇、歴史劇、悲劇の三つに大別すると、まず喜劇が一番多く十六作品です。これには『真夏の夜の夢』『ベニスの商人』『お気に召すまま』『十二夜』『冬物語』『テンペスト』など、英文学者でなくとも知っている題名がいくつもあります。スウェーデンの家具メーカーＩＫＥＡは、二〇一四年、ベッドのコマーシャルの宣伝に、『テンペスト』の一節「私たちは夢と同じもので作られている（We are such stuff as dreams are made on. . . ）」を引用したそうです。

歴史劇は八篇で、やはり『リチャード三世』や『ヘンリー五世』など王様ものが並びます。中でも『ヘンリー四世』を読んだシェイクスピアのファンが、一八九〇年、作品に登場するホシムクドリをニューヨークに持ち込み、今や北アメリカにホシムクドリが二億羽いるそうです。

悲劇は十一篇で、『ロメオとジュリエット』『ジュリアス・シーザー』『ハムレット』『オセロ』『リア王』『マクベス』『アントニーとクレオパトラ』など、有名作品が目白押しです。このうち『ロメオとジュリエット』が下敷きになって、一九五七年ニューヨーク市で『ウエストサイド物語』が初上演されています。

日本が誇る映画監督黒澤明も、『マクベス』から『蜘蛛巣城』、『リア王』から『乱』を創り上げました。夫である鷲津武時（マクベス）をそそのかして、主君を殺害させた浅茅（マクベス夫人）を演じる山田五十鈴が、洗っても洗っても血が落ちぬと呻《うめ》く、鬼気迫る演技は、一度映画を見た者の記憶に永遠に刻まれるはずです。主君を殺したあとの鷲津を演じる三船敏郎が恐怖におののき、身体を硬直させた場面は、最後の何十本もの矢に身体を射抜かれる絶命の場面とともに、記憶の底に刻印されます。

『乱』では、『リア王』の三人の娘たちが、三人の息子に変えられています。それだけに、浅はかな息子たちに裏切られた父親が、足元が音をたてて崩れ落ちていくとき、どこまで人生を踏んばることができるか、その極限の悲劇性がより映画的に鮮明になっています。父親を演じる仲代達矢のすさまじい形相は、背後で炎上崩落する城とともに、観客の脳裡から死ぬまで消えないでしょう。

このように時代や場所を変えても、何ら輝きを失わないところに、シェイクスピア作品の真髄があります。人間の内面、外面も含めて、人間全体を描き切っているからこそ、どこを切り取っても全体は失われず、輝きは保たれています。おそらく、キーツがシェイクスピアを詩人の先達として憧憬したのはそのためでしょう。

シェイクスピアのどこが凄いのか、素晴らしいのか、キーツ自身は語っていません。語ったところで、言い尽くせないと考えていたからでしょう。

理解と不理解の微妙な暗闇

シェイクスピアの能力とは何だったのか、キーツが彼にはネガティブ・ケイパビリティがあったと言っているくらいですから、考えてみる価値が大いにあります。

例えば『マクベス』中の「きれい（fair）は汚い（foul）、汚いはきれい」の一節をとっても、シェイクスピアの着眼がどこにあったのか分かります。世界の総体、人間の全体をそのまま摑みとろうとする世界です。しかも表現が韻を踏んでいます。これは、世界の現実、人間の現実を描く行為とは違います。描くだけなら絶対に現実を超えられません。作品そのものが「現実」だという高みをシェイクスピアは目ざしていたはずです。

ですからどの作品にも、シェイクスピア自身の意見なり信条は出ていません。不確実さが、大きな塊として目の前に放り出されているので、あとは読者が読み解くだけです。読み解く視点も方向も、おのずと多様になります。シェイクスピアは、この理解と不理解の境界、読者が気づくか気づかないかの微妙な暗闇に、一条の薄い光を入れる方法をとっています。人間の持つ文化的な制約、あるいは想像の限界の奥を、照らし出そうとするのです。ですから、読者は筋書きも先が読めず、通常の理解や予想が途絶える領域まで連れて行かれます。そして結末に至ったときに、初めて意識を覚醒させられ、今までの自分自身のものの見方や考え方が、手垢にまみれ、狭隘浅薄であったことに気づかされます。

作品の冒頭から結末まで、この先どうなるのか、興味をかきたてられ、ハラハラドキドキしつつ、笑っては泣かされ、最後に「あ、そうだったのか、確かになあ」という感嘆に至るのです。

これこそが、キーツが遺言した、不確実さの中に、性急な結論を持ち込まず、神秘さと不思議の中で、宙吊り状態を耐えていくネガティブ・ケイパビリティだったのです。

例えば作品そのものも闇に包まれています。マクベス夫人は望みどおり王妃になったものの、子供に恵まれません。ところが、夫人の独白には、自分がかつて赤子に授乳した経験があることを明示する節があります。そうすると、その子はどうなったのか、病死したのか、あるいは夫人の前夫は誰だったのか、読者は想像をたくましくする他ありません。

後に夫人が正気を失うのは、夫に王を殺害させた罪におののくのが原因ではなく、他にあるのだと勘ぐることもできます。ひょっとしたら、夫は自分の子を殺したのではないか、その罰として子を産めなくなったのではないか。この絶え間ない自責の念の果てに、正気を逸してしまったとも考えられるのです。ここまで想像を深められるほど、『マクベス』は心の闇までも内蔵しています。

またマクベスが、冒頭の三人の魔女の予言によって、真直ぐな人生を歪められていくさまもまた、人生そのものの闇になっています。こうなりたくもないと思っている方向に、いつの間にか流されていく運命が、作品の核に据えられているのです。

同様に、『リア王』も人生の深淵の闇を宿しています。闇が深くなっているのは、リア王と三人の娘の脇に、グロスター伯爵と息子二人の悲劇を配しているからです。リア王は長女ゴネリルと次女リーガンの舌先三寸にだまされて領地を与え、口下手な三女のコーデリアを勘当します。

グロスター伯爵も同様に、奸計をめぐらす次男のエドマンドの甘言を信じて領地を与え、長男のエドガーを追放するのです。

そしてリア王は、長女と次女からの冷たい仕打ちにあい、自分の判断の誤ちを悔いて夢遊病者のように荒野をさまよいます。一方リア王に忠実なグロスター伯爵は、エドマンドの密告によって、リア王の次女リーガンとその夫コンウォール公爵から拷問を受けて両眼をくりぬかれます。

この裏切りの二重構造が、人生の陰影をいやがうえにも濃くして、読み手はもはや途中で頁を繰る手を置くことができません。舞台であれば、観客の眼は舞台に釘づけです。

さらに尾羽打ち枯らした二人に、裏切りとは反対の真心を悟らせるのが、道化師であり、変装してリア王に仕えるケント伯爵であり、トムと名乗って気がふれたふりをしているグロスター伯爵の長男エドガーです。

リア王を助けるため、求婚者のフランス人王とともに英国に攻め込んだ三女のコーデリアは、老いさらばえている父親と再会を果たします。しかしフランス軍は敗れてリア王とコーデリアは捕われの身となります。次女リーガンが嫉妬から長女ゴネリルに毒殺され、ゴネリルは自害します。邪しまなグロスター伯爵の次男エドマンドは、長男エドガーに決闘で殺害されたものの、時すでに遅く、エドマンドが放っていた刺客によってコーデリアは絞殺されます。その愛すべき三女の遺体を抱いたリア王は、悔恨と絶望の中で息絶えるのです。

わが子の甘言で身を滅ぼすリア王とグロスター伯爵の二段構えの構図、筆をなぞるような度重なる裏切り、ひとり誠実だったコーデリアの死によって、悲劇性が極限まで高められた作品と言えます。観客は、人生の深淵を見せつけられた思いがして、しばらくは席を立てないでしょう。

しかも全篇が詩的言語で綴られているのですから、キーツが脱帽したのも肯《うなず》けます。そのシェイクスピアの技量を、ネガティブ・ケイパビリティだと表現したのも理解できるような気がします。シェイクスピアは、ありうべき結末を片端から打ち消しながら、裏切りという人の心の奥深くまで潜航していったと思われるからです。

紫式部の生涯

　こうして考えると、紫式部もシェイクスピアに比肩できるほど、ネガティブ・ケイパビリティを備えていたと、私は思うのです。『源氏物語』を俯瞰すると、シェイクスピアの作品に登場する多様な人物群に匹敵するほど多彩な女性が活写されているのに驚かされます。おそらく母性に限って言えば、多様な人間群像としては紫式部に軍配が上がるのではないでしょうか。

　年長の夫に急逝されたあと、娘とともに実家に身を寄せていた頃、紫式部は『源氏物語』の筆を起こします。もちろんそれまでに書き記した断片はあったかもしれません。結婚はしていたものの、夫の足が次第に遠のいていた日々に、興の赴くまま、人の世の移り変わりを書き留めてはいたのでしょう。

　若い頃から、父親を、お前が男であったなら、とうならせたほどの才気があった式部です。当時の貴族の誰よりも和漢の書に通じた式部であれば、日々の移り変わり、人の営みの栄枯をじっくり眼にして、感じるところ大だったはずです。

『白氏文集』や『史記』『文選』などの漢籍、『法華経』以下の仏典はもちろん、『古今集』を筆頭とする勅撰集や私撰集、私家集の歌集も、彼女の知識の中に加わります。

　歌謡集にしても『和漢朗詠集』を代表に、「神楽歌」「催馬楽《さいばら》」「風俗歌《ふぞくうた》」にも親しみ、『日本書紀』も第一の史書として読んでいます。

もうひとつ紫式部を物語の造形に駆りたてた書物群に、当時既に流布していた古物語があります。複数の貴公子から求婚される『竹取物語』、伝奇的内容を持ちながら、壮大な宇宙観で書かれた長篇『宇津保物語』、西洋にも例をこと欠かない継子いじめ譚の『落窪物語』、加えて今は幻となって現存しない二、三の古物語も、式部はどこか不満を抱きながら読んだはずです。自分ならもっと面白く書けるのに、という自負が芽生えてもおかしくはありません。

こうした教養と知識を持った女性に、この世の浮沈の波が押し寄せるのですから、単に嘆くだけの境遇にとどまるはずはないでしょう。

作品と作者の密接な関係を知るために、もう少し詳しく式部の生育史を辿りましょう。まず物心つく前に母が亡くなり、たぶんに式部は母の面影を知りません。年子の姉と四歳年下の弟との三人きょうだいを育てたのは父親でした。東宮の読書始めにはべったのが縁で、父親は東宮と近づきになります。東宮が即位して花山天皇になった頃が、父親の絶頂期です。蔵人、ついで式部大丞に任じられます。

ところが天皇は二年足らずで退位、四十歳になった父親は官職を失いました。その後の一家は、細々と糊口をしのぐくらいの生活を十年あまり余儀なくされました。華やかで陽気であるべき少女時代から、求婚される年齢に至るまでに、紫式部の陰影のある人生観は築かれたのでしょう。男性との交渉がないはずもなく、しかしいずれも実を結ばないまま、二十四歳になった頃、ひとつ上の姉を亡くします。姉の存在は何かにつけ、式部の心を和ませていただけに、母とともに姉を失った喪失感はいかばかりだったか、想像にかたくありません。

そして二十七歳になった冬の初め、父の赴任に伴って越前に向かいます。逢坂山を越え、大津の打出の浜から舟で琵琶湖西岸を北上します。塩津の湊に上陸後は北陸道を歩き、塩津山を越えます。そこからは日本海沿いにさらに北上、杉津《すいづ》、鹿蒜《かひる》を経て丹生《にう》郡の国府にはいるのです。五、六日はかかる初冬の長旅であり、式部にとっては初めて目にする田舎の風景でした。

越前で二冬を越した春、式部は父を残してひとりで京に向かい、程なく結婚します。おそらく、旧知である藤原宣孝から求愛の手紙が何通も届いて、受諾の意を固めての帰京だったと思われます。父の友人でもあった宣孝は、式部より十七歳年長であり、少なくとも他の三人の女性との間に五人もの子供をもうけていました。式部としては、自分の年齢を考えて半ば諦めての結婚だったのでしょう。

結婚して間もなく、宣孝は藤原道長より豊前国宇佐八幡宮の奉幣使に任じられます。宇佐神宮への奉幣使の派遣は、三年に一度でした。ちょうどこの頃、都では天然痘の流行や内裏の焼失、盗賊の出没、太宰府への敵国襲来の懸念など、災い続きだったのです。

夫の留守中に、紫式部は女の子を出産、賢子と名づけます。三十歳にして初めての子供ですから、喜びもひとしおでした。しかし宇佐から帰京した夫の足は、式部から遠のきます。他の女性の許に通う夫を、恨めしく思う日々が続くのです。

実家で幼な子をひとり育てている式部の許に、やがて四年の任期を終えた父が越前から戻って来ます。その喜びも束の間、夫の宣孝が流行していた疫病で急死します。三年にも満たない結婚生活でした。

寡婦時代は、このあと彰子中宮に出仕するまで、四年弱続きます。この間、式部には複数の求婚者が現れました。しかしそれに応じた形跡はなく、父の許で子供を育てながら静かな日々を送ります。

『源氏物語』が起筆されたのは、たぶんにこの時期です。式部には、もう充分すぎる人生経験がありました。しかも、頭には数々の史書や日記、物語が刻まれていました。

その中で、執筆の動機を高めたのは、おそらくおよそ半世紀前に書かれていた『蜻蛉日記』と、同時代の『和泉式部日記』だと思われます。

藤原道綱母による『蜻蛉日記』には、絵空事の物語に対して、結婚、妊娠、出産、夫の背信という現実の人生がそのまま記述されています。それまで日本文学に存在しなかった内面小説、いわば私小説です。

一方の『和泉式部日記』は、自らの恋愛経験を赤裸々に記した紛うことない私小説で、その筆致は流麗そのものです。同時代人として紫式部が対抗意識を持ったとしても不思議ではありません。

数々の史記を読破していた式部には、大きな不満がありました。男性の手になるそれらの歴史書は、表面の事実を素気なく記述しただけで、人間の生身の姿が書かれていません。もっと血の通う歴史物語こそ、自分が書かねばならないと式部は心に決めます。そのときの脳裡にあったのが、『蜻蛉日記』の人生哀歌であり、流麗な筆致の『和泉式部日記』だったのです。

『源氏物語』の尋常ならざる筋書き

こうして、四百字詰原稿用紙にして二千五百枚に及ぶ物語の冒頭の部分が、起筆されます。

「いづれの御時《おおんとき》にか、女御・更衣あまたさぶらひ給ひける中に、いとやんごとなき際にはあらぬが、すぐれて時めき給ふありけり」で始まる、第一巻「桐壺」の幕が上がったのです。

起筆のとき、式部が物語の根幹として選んだのは、尋常ならざる筋書きでした。この物語の屋台骨の特異さによって、物語の全体像は決まったも同然でした。

それは、桐壺帝の第二皇子として生まれた主人公光源氏が、父が迎えた若い妃藤壺と密通し、二人の間に生まれた不義の子が、後に帝位に就くという物語の骨格です。主人公の生母は、物語の冒頭に記された、更衣という低い身分でありながら帝の寵愛を一身に受けた女性でした。しかしその実母は、他の女御や後宮の女性たちの嫉妬を受けて、主人公が三歳のときに死去していたのです。

亡き更衣への思いを捨て切れない桐壺帝が、先帝の皇女藤壺を入内させたのは、更衣に似ているという理由からでした。光源氏の藤壺への思慕は、亡き母の面影を求めてのものでもあったのです。父帝はおそらく二人の密通に気がついており、後に帝位に就く主人公の子も、やがて自分の出生の秘密を知ってしまいます。この罪の意識を、光源氏と藤壺は一生持ち続けなければなりません。実に巧妙かつ複雑な幕開けであり、もう読者は、途中で書物を投げ出すわけにはいかなくなります。

ここを出発点として、改めて物語の構造を俯瞰してみましょう。縦の糸のひとつが、桐壺帝―朱《す》雀《ざく》帝―冷泉帝―今上帝という帝位の流れです。桐壺帝と弘《こ》徽《き》殿《でん》の女御（後の大后）との間に生まれたのが、朱雀帝です。桐壺帝ともうひとりの妻桐壺更衣との間の子が、源氏です。しかしこの桐壺更衣は前述のように源氏三歳のときに死去します。桐壺帝が新たに迎えた妻が藤壺であり、源氏との密通によって懐妊し、皇子を産みます。

朱雀帝は、源氏にとっては異母兄です。そして冷泉帝こそが、源氏と藤壺の不義の子ですが、表向き桐壺帝の皇子だとあくまで見なされています。今上帝は朱雀院の皇子です。源氏物語の正篇に登場するのは、この四帝です。

もうひとつの縦の軸は、源氏が正妻に迎え入れる女性です。まず最初の妻は、左大臣の娘である葵の上です。源氏よりは四歳年上で、親同士が決めた結婚と言っていいでしょう。葵の上は夕霧を産んだあと、源氏の愛人ともいうべき六条御息所の生霊に取りつかれて死去します。

そのあと源氏が妻にも等しい存在として迎えたのが紫の上です。二人の間に子供は生まれないまま、源氏は三十九歳の晩年になって、朱雀帝の娘である十三歳の女三の宮と再婚します。もちろん紫の上との関係はそのままです。

以上二つの縦軸と見事に交叉する横糸が、源氏の正妻葵の上の兄である頭中将《とうの》です。源氏の恋路を常に邪魔する敵役を演じながら、二人の信頼は少しも揺ぎません。頭中将という横軸がなければ、作品全体が薄っぺらなものになったはずです。

そして自由奔放、時には傲慢なまでに女性に言い寄る源氏の敵が、弘徽殿の大后とその父の右大臣です。源氏の傍若無人の振舞いに眉をひそめ、何か落度はないか、虎視眈々と失脚の機会をうかがっています。

そして朱雀帝の寵愛を受けている朧月夜と、源氏の密会を、右大臣に目撃されます。朧月夜は右大臣の娘であり、弘徽殿大后の妹でもあるので、源氏にとってはまさに危機です。そこで源氏は先手をとって、自ら須磨に隠遁を決めます。この須磨での生活が、また物語の後半に、それまでとは違った趣きを与えています。

もうひとつ、物語の転回の原動力になっている生霊と死霊の役割も考慮する必要があります。源氏の愛人である六条御息所と、正妻である葵の上が、新斎院御禊《しんさいいんのごけい》の祭事の際、牛車の場所を争い、前者が大恥をかかされます。すると六条御息所の生霊が葵の上にとりつき、命を奪ってしまいます。

源氏より七歳年上だった六条御息所は、死後も死霊となって、源氏の恋路の邪魔をしようとするのです。源氏の再婚の相手である女三の宮は、柏木との密通の子、薫を出産後、罪の意識からわずか二十三歳の若さで出家します。ここにも六条御息所の死霊が力を発揮しています。

生霊や死霊とは別に、夢に出てくるのが死者の御霊です。これも物語の転回の原動力になる点、シェイクスピアの作品に通じるものがあります。

源氏が須磨に隠棲しているとき、父桐壺帝の御霊が夢に出て、こんな所にいるな、都へ戻れと言います。一方で御霊は、源氏の腹違いの兄である朱雀帝の夢にも出現して、怒りの形相で、源氏を須磨に追いやっていることを叱責するのです。こうして、源氏は赦免され、京に戻ります。

こうした緊迫した用意周到な構造と情況設定のあと、式部は縦横無尽に筆を走らせます。決して物語の先を急ぎません。義理の母藤壺と密通する光源氏は、光り輝くほどの美男であり、生来の色好みです。かといって浅薄な男ではなく、教養と慈愛に溢れた理想的な男性です。女性遍歴があったとしても違和感はなく、読み手は光源氏の行為を受け入れます。

源氏を取り巻く万華鏡のような女性たち

光源氏の生立ちは、第一巻の「桐壺」から始まります。十二歳で元服すると、年上の葵の上と結婚します。しかし気位の高い妻とは打ち解けず、思慕は父帝の愛する藤壺女御に対して募るばかりです。雨夜の品定めで有名な第二巻「帚木」の章は、光源氏の生い立ちを語る第一巻についで、物語の基点を成しています。というのも、光源氏の宿直所《とのいどころ》に、葵の上の兄の頭中将他友人が集まり、女性論が繰り広げられるからです。これによって光源氏は、まだ知らぬ中流の女性に関心が芽生えます。

その手始めが、人妻である空蟬《うつせみ》に対する強引な契りでした。空蟬を忘れられなくなった光源氏は、寝所に忍び込んだものの、空蟬は隠れ、光源氏はそこに寝ていた、空蟬の義理の娘軒端荻《のきばのおぎ》と一夜をともにしてしまうのです。これが第三巻「空蟬」です。

第四巻の「夕顔」では、源氏は乳母《めのと》であった女性を見舞い、隣家の主人夕顔と知り合って、通いつめるようになります。素直な夕顔が気に入って、近くの廃院で夜をともにしたあと、夕顔は息絶えます。夕顔は頭中将の愛人でもあり、三歳の女児があると知ったのは、死後でした。

思い人である藤壺と、源氏がようやく逢瀬を持ったのが、第五巻「若紫」です。源氏は十八歳になっています。北山の聖《ひじり》を訪ねたとき、藤壺にそっくりの少女、紫の上を見初め、引き取ります。似ていたのも当然で、その少女は藤壺の姪でした。光源氏との逢瀬で、藤壺の懐妊が判明し、事態はのっぴきならぬところに突入していきます。この巻で、源氏は紫の上を館に迎えます。

第七巻の「紅葉賀《もみじのが》」では、父帝や藤壺が臨席する宮中の宴で、源氏は紅葉散る中、舞いを披露し、人々の賞讃をあびます。しかし藤壺と源氏は、罪の意識に心おののきます。やがて光源氏に生き写しの男の子が誕生、何も知らない父桐壺帝は赤子を抱いて愛《め》でるばかりです。

こうして皇子はいずれ東宮に立つ者と見なされ、藤壺は正式な后となり、源氏も参議に叙せられます。

第八巻の「花宴《はなのえん》」でも、桜の下で源氏が歌を詠じ、舞います。その夜、名も知らぬ朧月夜と束の間の逢瀬を持ちます。こうして早くも主人公の女性遍歴が始まります。

第九巻の「葵」で、父桐壺帝が退位、源氏の異母兄が即位して朱雀帝になり、東宮には藤壺が産んだ源氏の実子が立ちます。一方で正妻の葵の上が男児夕霧を出産、その後葵の上は六条御息所の生き霊に取りつかれて急逝します。六条御息所は、かつて葵の上の一行から辱《はずかし》めを受けたのです。四十九日の喪が明けると、源氏は初めて紫の上と新枕《にいまくら》をかわします。

続く第十巻の「賢木《さかき》」で、父桐壺院が死去、一周忌の法要で藤壺は出家します。父院の死後は、源氏を失脚させようとする勢力が台頭してきます。それでも朧月夜とは逢瀬を重ね、それが対立勢力の弘徽殿女御と右大臣に知られる事態になります。

第十一巻の「花散里《はなちるさと》」で、主人公は厭世感から出家も考えます。しかし思いとどまり、父桐壺帝の女御の妹である花散里と逢瀬を重ね、過去の良い思い出に身を浸すのです。そして第十二巻の「須磨」に至り、ついに須磨への隠居を決めます。

須磨の近くに住む明石入道が、娘を源氏に会わせようとする頃、頭中将が源氏を訪問します。噂を恐れて誰も源氏を訪れようとしない中、堂々と見舞ったところに、頭中将の真の友情が感じられます。頭中将は宰相中将になっていました。

第十三巻「明石」で、明石入道の目論見どおり、娘である明石君は、源氏と結ばれて懐妊します。この頃、朱雀帝は夢枕に立った父親桐壺帝の御霊に驚愕し、源氏召還の命を下します。源氏は妊娠している明石の君を置いたまま、二年四ヵ月ぶりに京に戻るのです。

帰京した源氏は権大納言に任じられ、桐壺帝の子、実は源氏の不義の子である東宮が元服、朱雀帝のあとを継いで冷泉帝になります。源氏は内大臣の地位にのぼり、頭中将も宰相中将から権中納言に昇進します。この第十四巻「澪標《みおつくし》」で、明石の君は女児を出産、源氏は母子を京に迎える準備をします。七歳年上の長年の愛人六条御息所は病を得て出家、やがて世を去ります。

第十五巻「蓬生《よもぎう》」は、色好みの源氏の真情を知るうえで、実に重要な挿話です。帰京して半年後、源氏は長年の愛人花散里を訪ねる途中、荒廃した屋敷の前を通りかかります。木立や家屋に見覚えがありました。そこはかつて、源氏が気まぐれに通ったことのある、美しくもない末摘花の屋敷だったのです。通った当時から貧窮のうかがえる家だったのが、いざ庭にはいってみると、そこは廃屋同然になっていました。松の木も高々と伸び切っています。

末摘花は、困窮のあまり従者たちが去っていく中で、ひたすら源氏の再訪を待っていたのです。源氏十八歳のときの出会いから、既に十年が経っていました。源氏は末摘花の一途な心に感激し、手厚い庇護を決意します。

第十六巻の「関屋」で、源氏が思いを寄せた空蟬が、夫に先立たれて出家します。第十七巻「絵合」では、冷泉帝の後宮にはいった、御息所の娘梅壺女御と、権中納言の娘弘徽殿女御が、冷泉帝の前で秘蔵の絵を競い合います。勝敗を決めたのは、源氏が須磨時代に描いた絵日記で、梅壺方に軍配が上がります。

第十八巻「松風」で源氏は、花散里や末摘花、明石の姫君の子を、二条東院に引き取ります。

第十九巻「薄雲」は、冷泉帝が自分の出生の秘密を知る章で、源氏に帝《みかど》の位を譲位したい旨を打ち明けます。源氏は藤壺との情事を知られたのではないかと、動揺します。

それでも源氏の色好みは揺がず、第二十巻「朝顔」で朝顔に懸想し、その噂を聞いた紫の上は悩みます。第二十一巻「少女《おとめ》」では、源氏と葵の上の子夕霧が元服、源氏が後見人となっている梅壺が中宮になり、源氏は太政大臣に昇格します。かつての頭中将である権中納言も今や内大臣で、娘の雲居雁《くもいのかり》を東宮に入内させようとします。この頃源氏は新たに六条院を造り、紫の上、花散里、明石の君などを住まわせるのです。

第二十二巻「玉鬘《たまかずら》」に出てくる玉鬘は、源氏と情事を持って絶命した夕顔の娘です。父親は内大臣にまで昇りつめたかつての頭中将でした。玉鬘は母の死後、乳母一家に連れられて太宰府に行き、そこで成長して京に戻っていました。その美貌を聞き、源氏は六条院に迎えます。

第二十三巻「初音」は、六条院で栄華の絶頂にある源氏を描きます。紫の上への愛は不動のものですが、その傍らで明石の君、花散里、そして玉鬘への思慕も募ります。第二十四巻「胡蝶」で、源氏はますます玉鬘への思いを深めます。この源氏の告白に苦悩するのは玉鬘です。第二十五巻「蛍」は、その思い悩む玉鬘の美しさを、蛍の光で浮かび上がらせる源氏の演出を描きます。そして第二十六巻「常夏《とこなつ》」と第二十七巻「篝火《かがりび》」は、玉鬘の揺れ動く心を詩情豊かに描出します。

第二十八巻「野分《のわき》」で、夕霧が初めて紫の上を眼にし、その美しさに息をのみます。一方第二十九巻「行幸《みゆき》」では、貴人たちに言い寄られる玉鬘が、実父の内大臣の姿を初めて眼にします。第三十巻「藤袴」で、玉鬘の冷泉帝への宮仕えが決定されます。この玉鬘を、周囲をあっと驚かせて、髭黒大将が自分の妃として迎え入れるのが、第三十一巻「真木柱」です。前妻は怒って、娘の真木柱とともに実家に帰ります。源氏の玉鬘への思慕は、ついに実らないままで終わりました。

第三十二巻「梅枝《うめがえ》」では、源氏と明石の君の間に生まれた姫君の東宮への輿入れが決まります。第三十三巻「藤裏葉《ふじのうらば》」は、夕霧が、かつての頭中将の娘、雲居雁への思いを遂げる章です。

逆に第三十四巻「若菜上」と「若菜下」では、朱雀院の娘であり、源氏の正妻になっている女三の宮と、頭中将の息子柏木が結ばれます。この密通によって、女三の宮は柏木との不義の子を宿します。そして女三の宮が柏木の子を出産、源氏が我が子として薫と命名するのが、第三十六巻「柏木」です。苦悩のまま女三の宮は出家、柏木は病死します。

第三十七巻「横笛」で、源氏の子夕霧は、薫の出生に秘密のにおいをかぎつけ、第三十八巻「鈴虫」でも、出家の身の女三の宮は悩みます。

第三十九巻「夕霧」は、堅物で通っていた夕霧と、故柏木の妻落葉の宮との逢瀬です。この不義を知った雲居雁は実家に帰ってしまいます。

そしていよいよ第四十巻「御法《みのり》」で紫の上が病死、第四十一巻「幻」で、源氏の出家とその死が暗示されます。

ここから先、いわゆる最後の十巻である宇治十帖に物語は突入していきます。主人公は女三の宮の密通の子薫と、明石の中宮の第三子匂宮《におうのみや》が恋仇となり、宇治での浮舟を巡る話になります。冷泉帝は、源氏と藤壺の不義の子ですから、匂宮は源氏の孫にあたります。こうして因縁は続き、薫を装った匂宮が浮舟を訪れて契ってしまいます。浮舟は入水《じゅすい》を試み、助けられて出家し、物語の幕は下ります。

紫式部のネガティブ・ケイパビリティ

こうして粗筋のみを通覧しただけで、物語の構成のうまさ、人物群の描き分けと、からみ合いの絶妙さに感嘆させられます。しかも全巻を通して殺人や処刑、自死は一切ないのです。あるのは病死、怨霊による死くらいなものです。

物語の主人公はもちろん、ドン・ファンの東洋版というべき光源氏です。ところが読み終えて巻を閉じたとき、光源氏がどういう人物だったのか、その全体像の焦点がどうしても結びにくいのです。逆に、くっきりと脳裡に刻まれるのは、源氏の周囲で輝きを放ち、消えていった女性たちです。主人公源氏の役目は、こうした女性たちを次々と舞台に登場させ、個性を輝かせる黒子だったのではないか。そんな感慨にさえとらわれます。

紫式部が物語の筆を執った動機は、男性の筆になる血の通わない歴史書に対抗して、生身の人間を描くという意思でした。自らが女性である作者は、この生身の人間こそは、男性の陰で光芒を放って姿を消していった女性たちに他ならないと、感じていたのでしょう。

だからこそ、ひとりひとりの女性を描き分けるとき、紫式部はこれまで歴史に残らずに消えていった女性への崇敬があったと私は思うのです。その結果、登場する女性たちには、作者のオマージュが隅々まで行き届いています。

物語を光源氏という主人公によって浮遊させながら、次々と個性豊かな女性たちを登場させ、その情念と運命を書き連ねて、人間を描く力業こそ、ネガティブ・ケイパビリティでした。もっと言えば、光源氏という存在そのものがネガティブ・ケイパビリティの具現者だったのです。この宙吊り状態に耐える主人公の力がなかったら、物語は単純な女漁りの話になったはずです。

だからこそ、シェイクスピアが書いた喜劇や悲劇、歴史劇のすごさが、『源氏物語』一冊にすべて詰まっていると言い切れるのです。しかもシェイクスピアが詩的言語を駆使したのであれば、紫式部は和歌を入り交ぜての文章です。世の移り変わりと境遇の浮沈、人の憎愛、罪を感じながらの情念などが、和歌によって詠み上げられ、読み手に感動を与えます。仮にキーツが『源氏物語』を読んでいれば、ネガティブ・ケイパビリティの見事な発揮者として紫式部の名を記したのではないでしょうか。

執筆当時からの賞讃

おそらく、紫式部が冒頭の数巻の物語を、寡婦時代に書いていたとき、その面白さは既に周辺の人々の間で広まっていたと考えられます。それを聞きつけた関白道長は、娘の一条天皇中宮彰子に仕える女房として、紫式部に出仕を要請します。三十六歳のときでした。出仕した式部は、御堂関白の並ぶもののない権勢や、宮廷での人間模様や行事などを、自分の眼で確かめる機会に恵まれます。この見聞が、『源氏物語』にさらに華やかさと、陰影の深みを与え、人物群像の幅を広げたのでしょう。

しかも道長自身、式部によって次々と紡ぎ出される物語に興味を示して、読み、励ましを送ります。執筆に要する貴重な料紙を与えたのも道長と思われます。上質の料紙を手にした式部は、これまでに書いていた草稿に手を入れ、推敲したものを、新しい料紙に清書したに違いありません。ふんだんにある料紙、道長や中宮彰子までも読んでくれるとあっては、式部の創作意欲はいやがうえにも高まります。あとは興の赴くまま、主人公の色好みに応じて、さまざまな女性像を描き加え、描き分ければよかったのです。

光源氏の主な思い人をあげても、慎ましくも気丈な藤壺、聡明で謙虚な明石上、無邪気で貞淑な紫の上、自尊心の高い葵の上、女性の魅力に満ちた空蝉、美人ではあっても慎しみにかける軒端荻、邪気のないかわいさのある夕顔、男好きのする魅力を持ちながらも自分の道を歩く朧月夜、不美人ながらも芯の強い末摘花、いつも源氏を陰で支え続ける穏和な花散里、愛嬌はあっても教養に欠く近江君、男を尻に敷く雲居雁、快活聡明な玉鬘、上品であっても分別の伴わない女三宮、世俗を知らないうぶな浮舟といった具合に、式部は女性群像を描きつつ、その時代を活写したのです。物語の先を急がず、人の世の不思議さをじっと観察し、ひたすら女たちの振舞いを追い続けたと言えます。その結果、物語の舞台は平安時代の日本であっても、時空を超えた普遍性を獲得したのです。『源氏物語』は、その後も日本のみならず、世界を魅了していきます。近代になっても、日本人の研究熱は衰えず、「帚木」の巻の研究論文だけでも、明治二十五年（一八九二）から平成十年（一九九八）までの約百年間に二百七十五篇刊行されています。「末摘花」の研究論文は、明治二十八年から平成十年までに百六十七篇出ています。『源氏物語』は汲めども汲みつくせない魅力を放ち続けているのです。

紫式部を師と仰いだユルスナール

『源氏物語』に魅了されたわが国の作家は多数います。現代語訳の多さにも、その傾倒ぶりが表われています。

しかし外国にも、紫式部を師と仰ぐ大作家がいた事実は、日本ではあまり知られていません。この作家の紫式部への憧憬を示す言葉として、私は一九九〇年刊の『賞の柩』で次のように書きつけました。

——私はムラサキの名を思うとき、いつでも畏敬と啓示を感じます。主人公の性格の精密さと、彼とかかわりを持つ女たちの多様さが交叉し、驚くべき豊かな世界を創り上げています。ウェイリーの英訳で初めて読んだのは二十歳のときでした。余談ですが、その後の英訳、仏訳よりも、あのウェイリー訳が数段優れています。ムラサキの古典的な才能は比類のないものです。二十歳以来この五十年の間努力してきたのは、彼女に少しでも近づきたいという思いがあったからです。

ノーベル賞を巡るサスペンス小説『賞の柩』の中で、この年ノーベル文学賞を受賞した女性作家として、私は架空の人物マルグリット・マゾーを登場させました。

この人物のモデルは、二十世紀を代表するフランスの大作家マルグリット・ユルスナール（一九〇三―一九八七）です。彼女は一九八〇年、女性で初めてアカデミー・フランセーズの会員に選出されました。私はこの頃、フランス政府給費留学生としてパリにいて、ユルスナールのこの言葉を、ラジオのインタヴューか新聞での対談を通して知っていたのです。フランス文学を学んだ者として、その高名ぶりは聞いていても、彼女が紫式部を師と仰いでいるなど知るよしもありませんでした。その衝撃が、発言を記憶にとどめさせたのです。

ユルスナールの生い立ち

ユルスナールの本名は、マルグリット・アントワネット・ジャンヌ・マリー・ジスレーヌ・クレンヴェルク・ド・クライエンクールです。この名前からして、由緒ある家系に生まれた事実がしのばれます。ベルギーのブリュッセルで出生、父はフランス系フランドル人で古くから続く裕福な家の出でした。母の実家はベルギーの貴族でした。しかしマルグリットを産んだ十日後に死去します。マルグリットは父方の祖母の邸宅で父親によって育てられます。この父は全くの自由人で、大旅行家であり、これがマルグリットに大きな影響を与えるのです。彼女は冬をリールで過ごし、夏は一八二四年に建てられた父の曽祖父の古城で暮らしました。この古城を遺産相続した父は、間を置かず一九一三年に城を売却し、財を成します。

マルグリットは学校にも通わず、ニースでバカロレアに合格します。早くも一九二一年に十八歳で、対話形式の詩集を自費出版しています。このとき父の助言を得て、本名の Crayencour からCを省いて文字を並べ替え、Yourcenar の筆名にしました。

その後、父親に同行して各地を旅します。第一次大戦のときはロンドンに滞在、ついで南仏、スイス、イタリアと居を移し、父親の恋多き生活も眼にします。一九二九年にユルスナールが初めて出版した小説を読んで、父親はほどなく亡くなります。

遺産を継いだそれ以降のユルスナールは、まるでボヘミアンであり、パリ、ローザンヌ、アテネ、ギリシャの島々、イスタンブールを転々とします。女性を愛し、男性とも恋に落ちます。そう、いわゆる両刀づかいだったのです。

そのユルスナールが、大著『ハドリアヌス帝の回想』(一九五一年刊)や『黒の過程』(一九六八年刊)を出版する以前、二十六歳で初めて出版したのが小説『アレクシス――あるいは空しい戦いについて』で、その後も毎年のように小説や詩を発表し、筆名を高めていきます。

ユルスナールはフランス語、英語、ドイツ語、イタリア語のみならず、ラテン語や古代ギリシャ語にも長《た》けていました。この多言語に親しんだおかげで、自文化中心主義に無縁であり得たのです。東洋と西洋、古代と現代の区別なく、文学作品にも親しみました。

その過程で『源氏物語』を読み、そこに十一世紀日本の高い文化を見出して、日本の美術や書にも魅了されたのです。ユルスナールは紫式部を「見えないものを具現化させる」「日本中世のマルセル・プルーストだ」と賞讃しました。

「紫式部の深遠な感覚は、物事の盛衰、時の移ろい、恋愛の消長を確かに把え、それを悲劇的でしかも甘美で、はかない筆致で描く」「いかなる他の文学も、このことを今まで成し得ていない」

これらはいずれもユルスナールの言葉であり、彼女は自分が求めていた理想的な、深くて強く、しかも繊細な声を、紫式部に見出したのです。彼女の表現で言えば、紫式部こそ「魂の姉妹」でした。

こうした紫式部に憧れ続けた十五年後、三十五歳のとき書いたのが、短篇「源氏の君の最後の恋」だったのです。

ユルスナールが描いた『源氏物語』の続篇

五十歳になった光源氏は、自分の余命が長くないのを覚って、都から遠い山麓に隠遁します。脳裡をよぎるのは、自分が愛せないままに死んだ最初の妻の葵の上、そして自分よりも先に逝った第二の妻ともいうべき紫の上でした。そして三番目の妻、女三の宮が、かつて自分が父親を裏切ったように、若い男と不義を働いた過去を苦渋の思いで想起します。

源氏は都を去るとき、持てる財産を親しい人々に配分し、数人の供人だけを連れて隠れ家に身を置きます。都から行くには三日もかかる鄙《ひな》びた所です。季節は秋で、東屋の脇にある樹齢百年のかえでは紅く染まり、藁葺き屋根にも枯葉が積み敷いていました。

そこに都から時折便りが届きます。しかしかつて詩書にも長けていた源氏は、白紙の返事を持たせて使いを帰すのでした。もはや都人から忘れられるほうを望んだのです。

かつて源氏が愛した女性から届く手紙の中でも、一番優しさに溢れていたのは、二条東院そして六条院に迎えた花散里の便りでした。高貴な生まれでもなく、美しさも並である彼女は、源氏に忠実に仕え、源氏の正妻たちの世話もしていたのです。源氏が彼女の許を訪れるのは、雨の夜の星のように稀でした。しかしそれを嘆く女ではなく、むしろ稀な逢瀬を源氏に感謝していました。自分が源氏から熱愛されるような女性でないのを熟知していたからです。

全く返事が届かないため、花散里は数人の供を連れて源氏のあばら屋を訪れます。おずおずと柴折戸を押して中にはいり、源氏の前にひざまずきます。この頃は源氏の視力はかすかに残っていて、訪問者の見分けはつきました。間近に寄った源氏は、苦々しい怒りにかられます。

ひと言「帰れ」と言って、つれなく追い返します。遠ざかって源氏を観察した花散里は、愛情を捧げ続けたその人の目がほとんど見えていないのに気づきます。

源氏が完全に盲目になったのを聞いて、花散里は都の着物を脱ぎ、村娘のような短着に着替え、長い髪も田舎娘風に編み直します。今度は、布包と陶器を担いで市に出かける娘に扮したのです。春雨の降る日で、あばら屋に辿り着くまでに、泥にまみれた足と疲れた顔は、村娘そっくりになっています。

黄昏時《たそがれ》の最後の光が残る中、僧衣に身を包んだ源氏は小径を散歩していました。付き人に手を引かれ、小石を避けながら歩く、虚ろで変わりはてた源氏の姿を見て、花散里は涙します。すすり泣きを耳にした源氏は近寄り、女にこう訊くのです。

「女、お前は誰なのか」

「わたくしめは、農夫荘平の娘、浮舟でございます」

花散里は村人の訛で答えます。「来月嫁入りするため、母と一緒に町に鍋や織物を買いに行ったのですが、はぐれて道に迷いました。猪や盗賊、死霊にあうのが恐ろしゅうございます」

「若い娘、お前はずぶ濡れではないか」

花散里の肩に手をやった源氏は驚きます。「私の東屋に来て、体を暖めるとよい。まだ囲炉裏には火も残っていよう」

二人はあばら屋にはいり、消えかかった火に手をかざします。しかし花散里はその手をひっこめます。村娘とは思えないきれいな手をしていたからです。

「心配ない。私は盲目だから、火の前で裸になってもかまわない」

言われた花散里は着物を脱ぎます。火が彼女の細い裸身をほのかに赤くしました。

「若い女、嘘をついて申し訳ない。私は少しはまだ目が見える。もやを通して、ぼんやりお前の体が見える。まだ震えているお前の腕に、私の手を置かせてくれ」

こうして二人は再び契ったのです。花散里の体は驚くほど若かったのですが、髪にわずかに白いものが混じっているのには、視力の弱った源氏は気づきませんでした。

愛撫が終わったとき、花散里はひざまずいて、こう白状します。

「申し訳ありません。嘘をついていました。わたしは荘平の娘浮舟ですが、道に迷ったのではなく、あの高名な光源氏様の噂が村まで届いたので、その腕に抱かれたくて参ったのでございます」

「何と。とっとと帰れ」

源氏は怒って花散里を追い払います。

それでも源氏は、かつて知った女たちの肌や声を思い出して苦しみます。山里の風景も、視力のない源氏にはもはや慰めにはならず、小川のせせらぎも、女たちの艶やかな声に比べるとあまりに単調でした。

ふた月後、花散里は再び策をめぐらします。今度は下級貴族の妻に扮して、夏の東屋を訪れました。源氏はかえでの大木の下に坐り、蟬の鳴き声に耳を傾けていました。

花散里は扇で半分顔を隠して近づき、戸惑いがちに源氏にささやきます。

「わたくしは、大和の国の正七位、須数《すかず》の妻で中条と申します。お伊勢参りに出かけたのですが、従者のひとりが足を捻き、先に進めなくなりました。明朝まで、どこかわたくしが雨露をしのげ、従者たちが憩う場所はございませんか」

「私のあばら屋は狭い。従者たちはこの木の下で休み、そなたは東屋の隅に莚を敷いて休むがよかろう」

源氏は応じ、手探るようにして東屋に戻ります。その間、一切自分に眼を向けないのに気づき、花散里は源氏が完全に光を失っているのを知るのです。

莚に身を横たえた花散里は、少し上を向けた源氏の顔を月の光が照らしているのを眺めます。

「美しい月夜です。まだ眠くないので、わたくしが好きな歌を歌ってよろしいでしょうか」

問うた花散里は、源氏が答える前に、かつて紫の上が愛した歌を口ずさみます。

驚いた源氏は問い返します。

「私の若い頃、人に愛された歌を知っているそなたは、いったいどこの出だ」

言いながら源氏は近寄り、花散里の髪を撫でるのです。こうして花散里は新たに源氏の愛人になります。朝には源氏を助けて粥も作ります。

「そなたは何と器用で優しいのか。女に愛されて幸せだったというあの光源氏でさえ、そなたより優しい女は知らなかったろう」

こう言う源氏に花散里は首を振って答えます。

「わたくしは光源氏の名など一度も聞いたことがございません」

「何だと」

源氏は叫びます。「彼はそんなにも早く忘れられてしまったのか」

その日一日、源氏は暗い顔でもの思いに浸っているようでした。

秋が訪れ、山の樹木が色づき始めます。冬の足音が近づくにつれ、それらは茶褐色に変わっていくのです。それら時の移ろいを、花散里は源氏に語りかけます。花で首飾りを作ったり、素朴ながら洗練された料理を供したり、古い歌を口ずさんでやったりします。それはかつて源氏の館に住んでいた花散里そのものでした。

秋が深まるにつれ、虫の音も弱くなっていく頃、源氏は病を得て床に臥します。ある朝、花散里が源氏の脚をさすってやっているとき、源氏は彼女の手をまさぐってこう言ったのです。

「死にゆく男の世話をしてくれるそなた、私は嘘をついていた。私こそは光源氏だ」

それに対して花散里は答えます。

「こちらに参ったとき、田舎者のわたくしは光源氏がどういう方か知りませんでした。今、あなた様がこの世で一番美しく、男の中でも最も愛された方だと知りました。しかしもうあなたは、愛されるために光源氏である必要はありません」

源氏は微笑んで、花散里に感謝します。そして自分は間もなくこの世から消えていくが、我が人生に悔いはなかったと述懐します。そして自分の人生を彩った女性たちの魅力を、花散里の前で問わず語りに口にします。

私が愛に気づいたとき、もうこの世にいなかった葵の上、私の腕の中ではかなく消えた夕顔、私の不義にいつも苦しんでいた紫の上、一夜の契りのあとは私から遠ざかった空蟬、そして密会を重ねた朧月夜、そして過去の私しか愛さなかった農夫荘平の娘、さらには花散里が扮装した中条の名を出し、「人生の早い時期にお前と出会いたかった」とまで言うのです。

過去に自分が愛した女性たちを次々と思い起こす源氏を前にして、ついに花散里は問いかけます。

「あなたの館には、もうひとり女が住んでいませんでしたか。まだその女の名前を言われていません。その女は優しくはなかったのですか。彼女は花散里という名ではありませんでしたか。どうか、どうか思い出して下さい」

花散里の哀願の前で、光源氏の顔から血の気が引いていきます。

「彼女は十八年間、あなたにお仕えしたのです」

その声も空しく絶命した源氏の耳に響くだけです。花散里は地に身を投げ、滂沱の涙を流し、長い髪をかきむしるのでした。

『源氏物語』の別章

原書でわずか十四頁しかない短篇であるにもかかわらず、起伏と機知に富んだ筋と、紫式部そのものを思わせる艶やかな筆致には、ユルスナールの並々ならぬ才能を感じます。その能力の上に、紫式部に対するオマージュが重ねられているのですから、まさしくこれは『源氏物語』の別立ての章と言ってもいいでしょう。

しかもこの短い物語は秋に始まり、冬、春、夏と季節が巡り、再びの秋で源氏は自らの素性を花散里に明かすのです。そのとき源氏の命は残りわずかであり、秋が終わるとともに一生を閉じます。あとに残されたのは、花散里の悲痛な絶叫でした。

異国の作家に、しかも英訳で感銘を受けた作家に、これだけの絶品を書かせたところに、私は紫式部の底知れない筆力、シェイクスピアにも劣らぬネガティブ・ケイパビリティを見出すのです。

第九章　教育とネガティブ・ケイパビリティ

現代教育が養成するポジティブ・ケイパビリティ

教育は一見すると、分かっている事柄を、一方的に伝授すればすむことのように思えます。保育園や幼稚園の勉強や遊戯にしてもそうです。保育士や先生がすべてをお膳立てして、幼児はそれに乗っかっていけばいいのです。

小学校はどうでしょうか。学科は増え、漢字や計算を学習し、動植物、星、世の中の仕組みも、教えてもらえます。

中学では、勉強の幅が広がり、深さも増します。覚えることだらけです。期末テストや実力テストが節目節目に実施されて、記憶したものを素早く吐き出す訓練を受けます。

高校になると、商業高校でも工業高校でも、坐学と実学で習い覚えなければならない事柄は、朝から夕方までびっしり詰まっています。

普通高校では、それこそ受験に向けての知識の詰め込みと、頻繁に行われる試験での敏速な吐き出しを覚えさせられます。

そうした幼稚園から大学に至るまでの教育に共通しているのは、問題の設定とそれに対する解答に尽きます。

その教育が目ざしているのは、本書の冒頭で述べたポジティブ・ケイパビリティの養成です。平たい言い方をすれば、問題解決のための教育です。しかも、問題解決に時間を費やしては、賞讃されません。なるべくなら電光石火の解決が推賞されます。この「早く早く」は学校だけでなく、家庭にも浸透しています。わが子に対して、「早く早く」を母親がひと言も口にしない日はないのではないでしょうか。

「早く早く」を耳にするたび私は、九十歳の高齢者に、息子と娘が「早く早く」と急かす光景が重なります。足元もおぼつかない高齢者に、「早く早く」と言うのは、「早く死ね」と言うのと同じだからです。ここに迅速さの落とし穴があります。

問題解決が余りに強調されると、まず問題設定のときに、問題そのものを平易化してしまう傾向が生まれます。単純な問題なら解決も早いからです。このときの問題は、複雑さをそぎ落としているので、現実の世界から遊離したものになりがちです。言い換えると、問題を設定した土俵自体、現実を踏まえていないケースが出てきます。こうなると解答は、そもそも机上の空論になります。

教育とは、本来、もっと未知なものへの畏怖を伴うものであるべきでしょう。この世で知られていることより、知られていないことのほうが多いはずだからです。

江戸時代、武士の子弟が小さい頃から、返り点をつけただけの漢籍を内容がよく分からないまま素読させられたのは、現在の教育とは正反対の極にあります。

子供は何のために素読をするのか、まず分かりません。ただ声を出すだけで、意味も分からないままです。しかし何十回と繰り返していくうちに、漢文独特の抑揚が身についてきます。漢字の並びからぼんやり意味が摑めるようにもなります。

この教育には、教える側も教えられる側にも、分からないことへのいらだちがありません。分からなくてもいいのです。子供は、言われるがままに何回も音読を繰り返します。つっかえつっかえ読んでいたものが、いつの間にかすらすらと読めるようになります。

一方の教える側も、手取り足取りは教えません。ゆっくり構えています。その漢籍が自分にまだ理解できないような、深い内容を含んでいるのかもしれません。教える内容を、教える者自身が充分に分かっていない可能性もあります。それでも教える素材に敬愛の念をいだいているのは確かです。子供に音読させながら、自分もその文章の背後にある真実を見極めようとしているのかもしれません。

ここには、そもそも土俵としての問題設定がありません。ひたすら音読して学ぶだけです。さらに言えば、学びの先にあるものも、判然としません。簡単に言えば、素養でしょうか。たしなみです。現代風な表現では教養です。

素養や教養、あるいはたしなみは、問題に対して早急に解答を出すことではありません。むしろ反対かもしれません。解決できない問題があっても、じっくり耐えて、熟慮するのが教養でしょう。

そうなると、今日の学校での教育がどこか教育の本質から逸脱しているのが分かります。

学習速度の差は自然

もう三十年以上も前、私は精神医学を学ぶために南仏のマルセイユに住んでいました。恩師のムーラン先生が、かつての自分の自宅兼診療所を無料で貸してくれたので、かなり広い家でした。私たちの住まいは建物の二階全体を占めていて、ベランダから中庭に降りて行く階段があり、その中庭も、私たち一家の占有物になっていました。このたたずまいは、『ヒトラーの防具』で、主人公が住む家として描出しています。

長男は小学一年、次男は幼稚園に通っていたのです。フランス語が分からなくても、どうせ一年生ですから、必要になったら、その場で覚えればいいというくらい、学校の方針はゆるやかでした。

そもそも、就学のために近くの小学校に行ったその日から、「はいそれでは、お子さんを預ります」だったのです。この鷹揚さと大胆さには、度肝を抜かれました。

あるとき、長男が友人を家に連れて来ました。マルセイユは多人種の集まりで、北アフリカのアラブ系の人やアフリカからの黒人、それに東南アジアの旧フランス領からの移民も多く、人種の坩《る》堝《つぼ》と言っていい町でした。

そのとき家に来た長男のクラスメートは、大半がアラブ系の子弟でした。驚いたのは、そのうちのひとりが、大人顔負けの背丈をしていたからです。普通なら、小学六年か中学生の体格です。不思議に思って訊くと、覚えが悪いので、一年生を何年かやっているという返答でした。悪びれもせず、明るく答えたので二度驚いたくらいです。

そうかマルセイユの小学校は、落第があるのだと感心しました。日本でなら子供が落第させられたとなれば、親が学校に乗り込んでいくでしょう。

学習の速度が遅い者は、その学年を何度でも繰り返す。考えてみれば、これが当然のやり方です。それぞれ、人によって学習速度に差が出るのは当然です。早く覚えてトントン拍子で進級したあと、頓挫する学生もいれば、スタートは遅くても、いったんのみ込んでしまえば、あとは学習が円滑に進んで、追い越す子もいるでしょう。

本来、教育というのはそれが本当のあり方ではないでしょうか。

ところが、今日の教育は画一的です。横並びで一年一年を足並揃えて、上級学年に上がっていく体制になっています。

その結果、採用されたのが到達目標とその達成度です。その到達目標も、個々人に合った目標ではありません。あくまで一年毎の建前としての到達目標です。私は学校教育が到達目標を設定したときから、学校が変質したような気がします。

小学一年はこれこれ、小学三年はこれこれという具合に、目標が決められると、必ず落ちこぼれが出ます。市民マラソンと同じで、遅れた走者は車が拾っていきます。何時間も道路を封鎖できないからです。

車に拾われた子供はどうなるのでしょうか。次の年のマラソンでも、やはり車に拾われて、とうとう小学校を卒業するまで、毎年車に拾われる六年間を過ごします。中学校でどうなるかは、もう自明です。これでは、学校が苦業の場となる子供が出ても仕方がありません。

ところてん式の進級と進学に輪をかけているのが、試験です。この試験突破こそが、学習の最終目標と化してしまうと、たしなみ、素養としての教育ではなくなります。問題解決のための学習、勉強になってしまうのです。

解決できない問題に向かうために

こうした教育の現場に働いているのは、教える側の思惑です。もっと端的に言えば「欲望」です。教える側が、一定の物差しを用いて教え、生徒を導くのです。物差しが基準ですから、そこから逸したさまざまな事柄は、切り捨てられます。何よりも、教える側が、問題を狭く設定してしまっています。そのほうが「解答」を手早く教えられるからです。

しかしここには、何かが決定的に抜け落ちています。世の中には、そう簡単には解決できない問題が満ち満ちているという事実が、伝達されていないのです。前述したように、むしろ人が生きていくうえでは、解決できる問題よりも解決できない問題のほうが、何倍も多いのです。

そこでは教える側も、教えられる側も視野狭窄に陥ってしまっています。無限の可能性を秘めているはずの教育が、ちっぽけなものになっていきます。もう素養とか、たしなみでもなくなってしまいます。

この教育の場では、そもそも解決のできない問題など、眼中から消え去っています。いや、たとえ解決できても、即答できないものは、教えの対象にはなりません。

教育者のほうが、教育の先に広がっている無限の可能性を忘れ去っているので、教育される側は、閉塞感ばかりを感じとってしまいがちです。学習の面白さではなく、白々しさばかりを感じて、学びへの興味を失うのです。

学べば学ぶほど、未知の世界が広がっていく。学習すればするほど、その道がどこまでも続いているのが分かる。あれが峠だと思って坂を登りつめても、またその後ろに、もうひとつ高い山が見える。そこで登るのをやめてもいいのですが、見たからにはあの峰に辿りついてみたい。それが人の心の常であり、学びの力でしょう。つまり、答えの出ない問題を探し続ける挑戦こそが教育の真髄でしょう。

教育の現場が視野狭窄に陥っているため、親はそれ以上に視野が狭くなっています。学校の課題だけを早くこなすように、子供に強制しがちです。早くやりなさい、ぐずぐずしないで宿題を先にしなさい。これが口癖になります。

学習と言えば、学校の課題、塾の課題をこなすことだと、早合点してしまいがちです。世の中には、もっと他に学ぶべきものがあるのに、親はそれを子供に伝えるのさえも忘れてしまいます。星の美しさ、朝日や夕日の荘厳さ、木々の芽ぶきの季節のすこやかさ、花々の名前や木々を飛び交う鳥の姿と鳴き声も、まず大人の感受性はとらえられなくなっています。子供に伝えられるはずがありません。

美術館で、ひとつの絵や彫刻を前にしたときの感動も、大人が関心を持っていなければ、子供が感動を覚えるはずがありません。

まして、音楽や美術には、問題設定もその解決もありません。むしろ、解決できない宙ぶらりんの状態で、その芸術家が何とかして自分なりの仮の解答をさし出したのが芸術だからです。芸術には、問題解決という課題が課せられていないので、学習がまだその本質を失っていません。見た者、聞いた者は、何かを感じ、生の喜びを実感します。人生の無限の深さに感動するのかもしれません。

詩もそうでしょう。詩はそもそも、何かを解決するため、結着をつけるために書かれるものではありません。音のつながり、意味の連関を味わい、感動するものです。

孔子の言行を集録した『論語』は、およそ三分の一が芸術論になっているそうです。論じられているのは、絵画、詩、演劇、音楽で、真の人間になるためには、芸術を学ばねばならないと強調されていると言います。

おそらくそれは、わけの分からないもの、解決不能なものを尊び、注視し、興味をもって味わっていく態度を養成するためなのかもしれません。崇高なもの、魂に触れるものというのは、ほとんど論理を超越した宙ぶらりんのところにあります。むしろ人生の本質は、そこにあるような気がします。

問題設定が可能で、解答がすぐに出るような事柄は、人生のほんの一部でしょう。残りの大部分は、わけが分からないまま、興味や尊敬の念を抱いて、生涯かけて何かを摑みとるものです。それまでは耐え続けなければならないのです。私が思い出すのは、第二章で述べたビオンの言葉です。ネガティブ・ケイパビリティを持つには、記憶・理解・欲望が邪魔をするとビオンは断言します。

現代の教育は、到達目標という欲望があるために、時間に追われながら、詰め込み記憶を奨励しつつ、とりあえず理解させようとします。ネガティブ・ケイパビリティが育つべくもありません。

研究に必要な「運・鈍・根」

研究の分野でも、物事の解決の前に、長い長い助走期間があるのが通常です。出発の時点で必要なのは長期的な展望です。それは五年十年ではなく、二十年三十年にわたることだってあります。最初は、海のもの、山のものともつかないものを相手にしなければなりません。

研究に必要なのは「運・鈍・根」と言われると、私は深く納得します。「運」が舞い降りてくるまでには、辛抱強く待たねばなりません。「鈍」は文字どおり、浅薄な知識で表面的な解決を図ることを戒めています。まさしく、敏速な解決を探る態度とは正反対の心構えです。最後の「根」は根気です。結果が出ない実験、出口が見えない研究をやり続ける根気に欠けていれば、ゴールに近づくのは不可能です。

運・鈍・根は、ネガティブ・ケイパビリティの別な表現と言っていいのです。これほど、教育と研究の分野を支えているのはネガティブ・ケイパビリティであり、この大切さは日頃から教育の現場でとりあげていくべきです。

つまり、今すぐに解決できなくても、何とか持ちこたえていく、それはひとつの大きな能力だと、大人から説明された子供は、すっと心が軽くなるのではないでしょうか。せっかちに問題を設定して、できるだけ早く解答を出すポジティブ・ケイパビリティを叩き込まれるときの暗い気持とは、天地の差があります。

不登校の子が発揮するネガティブ・ケイパビリティ

私のクリニックには、不登校の子供が親に連れられてよく受診します。ほとんどの親が、このままだと我が子は、世の中から落ちこぼれていくと、恐れおののいています。無理もありません。ところてん式の教育を自分も経験し、必死で世の中の仕組みに適応してきたのですから、子供がそれを拒否したとなると、天と地がひっくり返ったような恐怖感を覚えるのでしょう。

しかし当の本人は、自分が受けている教育がどこかおかしいと感じています。おかしいと感じてる子のほうが、そうでない子よりも直観的には正しいのかもしれません。まして、そこにいじめや仲間はずれ、中傷がはいってくれば、教育の場は変質します。楽しいどころか、恐怖の場になってしまいます。その恐ろしい場所に、意を決して戻りなさいと言うのは、燃えている家に飛び込めと言うくらい酷でしょう。

不登校というのは、本人が選びとった避難所です。そこを追い立てるのは、天災で避難所に逃げ込んだ人々を追い出すのと同じなのです。せっかくの避難所ですから、本人に折り合いがつくまで、とどまってもらうのが一番です。そのうち空模様を見て出て行くかもしれませんし、他のもっとよい避難所を見つけて移っていくかもしれません。

このとき本人が発揮しているのは、まさしくネガティブ・ケイパビリティと言っていいでしょう。

どうにもならない状況を耐えている姿です。
となれば、親も同じようにネガティブ・ケイパビリティを持つ必要があります。わが子が折り合いをつけて進む道を見出す時が来るまで、宙ぶらりんの日々を、不可思議さと神秘さに興味津々の眼を注ぎつつ、耐えていくべきです。

私の家のすぐ近くに「アテスウェ」という名のフランス料理店があります。"A tes souhaits" というのは、フランス人がくしゃみをした人に対して口にする科白《せりふ》です。「望みがかないますように」という意味で言うのでしょう。

シェフはフランスで修業したこともある人で、いつも創意に満ちた本物のフランス料理を出してくれるので、編集者との会合には必ずそこを使います。

そのシェフに随分前に尋ねたことがあります。料理学校では、覚えの早いほうでしたか、つまり優秀だったかと、訊いたのです。返事は意外でした。覚えが悪かったというのです。覚えが早く優秀な者は、すぐに料理の世界から足を洗い、今店を持っているのはみんな成績が悪かった者ばかりという答えでした。

覚えが早いと見切りをつけるのも早く、じっくりその道を諦めずに歩み続けるのは、覚えが悪い人たちだったのです。ネガティブ・ケイパビリティは、むしろ鈍才のほうが持っている証拠でしょう。

つい最近、「タイム」誌に興味深い論考が載りました。親は普通で、生まれた子供がすべてそれぞれの道で成功をおさめている、九家族を調査した結果の報告です。全員が二人か三人きょうだいですが、全く違う分野で傑出した仕事をしているのです。例えば三人姉妹の場合、長女は大学の疫学教授、次女はユーチューブのCEO、三女は遺伝子検査会社のCEOです。一男二女の場合、長女はヤフーの大幹部、長男は検事、次女は保健局長といった具合です。かと思えば、長男がペンシルヴェニア大副学長、次男はシカゴ市長、三男がハリウッド映画制作会社協会の事務局長という三兄弟もいます。しかし、両親は普通の人々で、親の七光の要素は皆無です。

この九家族の教育から共通点を引き出すと、次の六つの要素が見えてきました。

第一は、ほとんどが他国からの移民でした。移住者はそれだけで、本国人に比べてすべての面でハンディキャップを負います。簡単に言えば、百メートル競走を、スタートラインの後方、五メートルか十メートル地点から、スタートするようなものです。しかしこのハンディが、子供たちに負けてなるものかという向上心と忍耐強さを与えていました。

第二に、両親は子供の小さい頃、教育熱心でした。〇歳から五歳までの学校教育以前の早い時期に、子供たちにさまざまなことを学ばせていました。つまり学ぶ心を、就学以前に植えつけていたのです。

第三は、親が社会活動家であり、世の中をよりよく変えていくための運動をしていました。子供は親の行動を通して、社会の不合理を学びとり、それを変革していく姿勢を学んでいたのです。いわばこうして自分を取り巻く世界の理解を深めたのです。

第四は、家庭の中が決して平穏ではなく、両親の言い争い、きょうだい喧嘩と無縁ではなかった点です。とはいっても両親の争いは決して暴力沙汰ではなく、社会の見方の違いからの意見の突き合わせのようなものです。不登校や万引、喫煙、殴り合いの喧嘩も、子供たちは十代の頃経験しています。移民の子としていじめられた子供もいますが、これが却ってなにくそという精神力を培《つちか》っていました。

第五は、子供時代に人の死を何度も見て、生きていることの貴重さを学んでいる点です。人の死を知ることは、自分の人生の限界を知ることに直結します。だからこそ、生きているうちに自らのやりたいことを成し遂げる馬力も、生まれてくるのでしょう。

最後の六つ目は、丁寧な幼児教育のあとの、放任主義です。すべての子供が、何をしても許されたと言います。すべてを自分自身の責任に任せられると、逆に子供は野放図なことはできません。「お前たちは、他人のゴールには絶対辿り着けない。お前がテープを切れるのはお前のゴールだけだ」と言われたのです。

この六つのどれひとつとっても、いわゆる教育ママやパパのやり方とは正反対です。親が敷いたレールに子供を乗せ、猛スピードで後ろから押して行く方法とは好対照です。
そしてそこに、私たちはネガティブ・ケイパビリティの力を見ることができます。

教育現場からの賛同

十年ほど前から、私は母校の九州大学医学部精神科で、森田療法セミナーの講師を務めています。毎年、初心者コースとアドヴァンスコースの二つがあります。参加者は精神科医や臨床心理士の他にも、企業に勤めている人もいて、要するに森田療法に興味を持っていれば、誰でも受講できます。

講義の中で、森田療法について話すついでに、少しだけネガティブ・ケイパビリティにも必ず触れます。というのも、森田療法に限らず、他の精神療法の底支えをしているのは、第四章で述べたようにネガティブ・ケイパビリティだからです。

二年前、スクールカウンセラーをしている臨床心理士の方から、受講後に手紙をもらいました。そこには、「ネガティブ・ケイパビリティの考え方は、現在、生徒指導上の難問が山積みになっている学校現場にこそ必要な視点だと存じます」と書かれていました。

私はやっぱりな、と膝を打って納得したのを覚えています。手紙には、続けて重要な所感も綴られていたので、そのまま紹介します。

学校にいますと、ときに指導困難、解決困難な事例に出会うことがあります。そんなとき、誰もが、途方に暮れてしまうことになります。

そのような、どうやっても、うまくいかない事例に出会ったときこそ、この「ネガティブ・ケイパビリティ」が必要となってきます。

今の時代は、「こうすれば、苦労なしで、簡単に、お手軽に解決しますよー」のほうが受けるのです。でも、お手軽な解決ばかり求めてしまうと、何かが欠落していきますし、結局は行き詰まってしまいます。なぜならば、「世の中には、すぐには解決できない問題のほうが多い」からです。

ことによると、学校現場は、すぐに解決できない問題だらけかもしれません。したがって、教育者には問題解決能力があること以上に、性急に問題を解決してしまわない能力、すなわち「ネガティブ・ケイパビリティ」があるかどうかが重要になってきます。

そして、私たちだけでなく子供たちにも、問題解決能力（ポジティブ・ケイパビリティ）だけでなく、この「どうしても解決しないときにも、持ちこたえていくことができる能力（ネガティブ・ケイパビリティ）」を培ってやる、こんな視点も重要かもしれません。

解決すること、答えを早く出すこと、それだけが能力ではない。解決しなくても、訳が分からなくても、持ちこたえていく。消極的（ネガティブ）に見えても、実際には、この人生態度には大きなパワーが秘められています。

どうにもならないように見える問題も、持ちこたえていくうちに、落ち着くところに落ち着き、解決していく。人間には底知れぬ「知恵」が備わっていますから、持ちこたえていれば、いつか、そんな日が来ます。

「すぐには解決できなくても、なんとか持ちこたえていける。それは、実は能力のひとつなんだよ」ということを、子供にも教えてやる必要があるのではないかと思います。

見事に、この第九章の骨子を言い尽くした手紙です。

第十章　寛容とネガティブ・ケイパビリティ

ギャンブル症者自助グループが目ざす「寛容」

私は十数年来、ギャンブル症者の自助グループのミーティングに、週一回参加しています。ギャンブル障害の自助グループは、ギャンブラーズ・アノニマス（GA）と言い、十二ステップのテキストを使います。このテキストは、まずアルコール症者の自助グループであるアルコホリックス・アノニマス（AA）のために考察されたものです。今では、その他の薬物依存や、癌患者さん、終末期の患者さんたちの自助グループでも使われています。

GAが目ざすのは、単にギャンブルをやめることではなく、人としての徳目を身につけることです。その徳目として、「思いやり」「寛容」「正直」「謙虚」があげられています。これらの四徳目は、ギャンブルにうつつをぬかしているうちに、ことごとく失われていきます。

人を思いやる心はすり減って、大切なのは人よりもお金になります。正直どころか、不正直の塊になり、朝起きて夜眠るまで嘘をつきまくります。嘘八百ではなく嘘八十万です。夢の中でさえ嘘をついています。謙虚さもなくなり、自分はさんざん人を苦しめているのに、悪びれたところは微塵もなく、傲慢そのものです。

そして寛容ですが、借金を繰り返して家族に大迷惑をかけているにもかかわらず、その家族を責めたてます。自分の非は棚に上げての逆恨みです。他人がちょっとでも気に食わないことをすれば、口を極めて罵るのです。人を許すということをしません。心の中はいつもカリカリして、責めたてる材料を探します。悪いことをしているのは自分なのにです。寛容のかけらも失うのです。

エラスムスが説いた「寛容」

この寛容の土台を成しているのが、ヒューマニズムです。ヒューマンとは「人間」の意ですから、ヒューマニズムは「人間尊重」の考え方と言えます。

この考え方を歴史的に辿っていくと、ルネッサンス期のユマニストに行きつきます。その代表がオランダ人のデシデリウス・エラスムス（一四六九頃―一五三六）で、その著作のひとつ『愚神礼讃』は世間を震撼させました。カトリック教会の制度や聖職者の悪弊を批判し、諷刺したからです。このときエラスムスは、カトリックの部外者ではなく、自身がカトリック教会の聖職者であり、博学で鳴る古典学者でもありました。それだけに、カトリック教会内部の驚愕と怒りは大きかったのです。エラスムスの死後数年して、『愚神礼讃』はパリ大学ソルボンヌ神学部によって禁書にされたほどです。

しかしこの書物は、当時勢いを増していた宗教改革派の新教徒から大いに歓迎されました。宗教改革派の主唱者は、もちろんドイツのマルチン・ルター（一四八三―一五四六）です。ルターもまた元はと言えばカトリックの聖職者でした。

エラスムスは微妙な立場に追いやられます。エラスムスが目ざしたのは、あくまでカトリック教会の粛正でしたから、ルターの宗教改革運動の好戦的な原理主義は、自分の意にそぐわなかったのです。

確かにルターの宗教改革は原理主義でした。マタイによる福音書（十の三四）の一節、「私が来たのは地上に平和をもたらすためだ、と思ってはならない。平和ではなく、剣をもたらすために来たのだ」を、旗印にしたからです。そしてさらに、自らを「神の兵士としてのキリスト教徒」と定義しました。

エラスムスはこの態度を非難します。「ルター一派は福音を口にしながら、自分たちだけが唯一の註釈者だと言いふらす。福音を楯にして、争乱を起こし、善人を罵っている。そこには福音礼讃のひとかけらもない」。

この非難が、ルター側からは反動ととられ罵倒されます。今や、エラスムスは、カトリック教会内の旧派からも反動分子だと忌み嫌われ、宗教改革派からも同様に反動分子だと攻撃されるようになったのです。

このどっちつかずの状況の中で、エラスムスは生涯を終えます。このとき、エラスムスが説き続けたのが寛容の精神でした。

エラスムスは、自分がルターの思想に共鳴して新教徒側に走ったときどうなるか、その結果が分かっていたのです。新教徒は勢いづき、カトリック教徒との争いはいよいよ激化していくでしょう。双方とも福音を標語に掲げながら、剣と剣を交じえ、血で血を洗う戦いに突入していくはずです。

この両刃の剣を手にすることを拒んだエラスムスは、曖昧主義の卑怯者と嘲笑されます。どっちつかずの態度はまた、無力者とも評されます。

同じように「福音」を掲げた者同士が、斬り合って血を流すのが、はたして真の「福音」なのか。エラスムスの態度は、その疑問に根ざしています。同胞が互いに迫害し、殺し合うことが「福音」であるはずがありません。真の「福音」に行き着くためには、お互いがそれぞれの立場を尊重する寛容の道を探るしかないのです。この寛容にこそ、理性の輝きがあると、エラスムスは考えたのです。

エラスムスの晩年、ついにエラスムスが恐れた事態が訪れます。宗教戦乱が欧州各地で燃え盛り、カトリック側もプロテスタント側もそれぞれが火刑台を設け、敵対する者をキリストの名において殺戮していきました。

しかしエラスムスが種を播いた寛容の精神は、若い世代に引き継がれました。一人はフランソワ・ラブレー（一四九三頃～一五五三年頃）、もうひとりは、ミッシェル・ド・モンテーニュ（一五三三―一五九二）です。二人ともフランス人です。

ラブレーへ

ラブレーはフランスのリヨンから、スイスのバーゼルにいたエラスムスに、「私のすべてはあなたに負っています」の手紙を送ります。エラスムスが死を迎える四年前ですから、自分の播いた種が芽を出したのを知り、心の底から安堵したことでしょう。

他方、モンテーニュのほうは、エラスムスの死の三年前にフランスで生を受けています。生涯を宗教戦乱の中で過ごします。それでも、この混乱の坩堝《るつぼ》で、「私の敵に具わっている美質を認めないわけにもいかないし、私に与《くみ》する人々の内に欠点があるのも認めざるをえない」と書きつけました。まさしくエラスムスの寛容の系譜にあることが分かります。

ラブレーは中部フランスで生まれ、フランス各地のさまざまな宗派の修道院で修行を積んだあと、大学も転々として古典や法律、医学を学びました。特に医学では才能を開花させて、モンペリエ大学で医学博士の学位を授かりました。フランス王の側近に侍医として仕えています。そのかたわらで、『ガルガンチュワとパンタグリュエル物語』を書き表わしました。

この物語は、エラスムスの『愚神礼賛』以上に諷刺に満ちたものでした。聖職者の偽善と悪業を、駄洒落や語呂合わせ、言語新作、下世話な表現を用いてこきおろしたのです。性器に関する露骨な描写、糞尿譚も混じって、滑稽感に溢れていただけに、当局の怒りはすぐさま沸点に達しました。

エラスムスのときと同様、ソルボンヌ神学部の神学者たちはラブレーを断罪します。その硬直した思考を持つ神学者や教会を批判するラブレーの毒舌は、法律家にも向けられます。人のために作った法律なのに、法律家はそれを法律のためだけに利用し、人間を不幸にしていると嘆くのです。

カトリック教会側から非難されるたびに、そして『ガルガンチュワとパンタグリュエル物語』が巻を重ねる毎に、ラブレーの筆は辛辣さを増していきます。ついに一五五二年刊の「第四之書」でローマ法王までも批判してしまいます。神学者たちが口を極めてラブレーを罵倒したのも当然です。

当時、エラスムスに対するルターのように、ラブレーと対立していたのはジャン・カルヴァン（一五〇九―一五六四）でした。カルヴァンもカトリックの聖職者を目ざして、パリで神学と古典学を学んでいました。二十三歳のときに発表した論考が『寛容について』と題されているのが物語るように、若い頃はユマニストでした。これは、ローマ皇帝ネロの教師だったセネカの著作を翻刻注解したものです。

当時、新教徒に対するカトリック教会の弾圧は日増しに激化し、新教徒側に「殉教者」が次々と出ていました。そこでカルヴァンは、カトリック教会側の人間として、長老たちに寛容の必要性を説く意図があったのでしょう。

ところが、これがきっかけとなって弾圧の渦に巻き込まれ、パリから逃れてフランス各地を転々としたあと、亡命してスイスに行き、『キリスト教綱要』を刊行します。その序文「国王に捧げる書」で、温厚な新教徒を異端者として迫害する愚を指摘しました。まさしくユマニストとしての面目躍如たるところでした。

しかし、カルヴァンの努力によってジュネーヴに新教会が設立される頃から、カルヴァンは少しずつ変質します。ジュネーヴを神の都市にするために、粛正に粛正を重ねるようになったからです。ここに至ってラブレーはカルヴァンを、「ジュネーヴのペテン師、悪魔つき」と非難します。カルヴァンも負けていません。「犬や豚に等しい」と言ってラブレーをこきおろしました。

同じユマニストとして出発しながら、二人は正反対の道に別れてしまったのです。どちらがユマニストにふさわしい道なのかは明らかです。

ラブレーの没後、カルヴァンは自らの教会の理想を守るため、反動分子と不平分子を投獄、追放、死刑に処していきます。まさしく晩年は血塗られた日々でした。

モンテーニュへ

モンテーニュは貴族の出身であり、ボルドーの市長も務めました。慣習上、フランスの国教であるカトリック教を信奉する一方で、新教徒とも親しくしていました。二十九歳のときは、ボルドー最高法院参議としてパリにいました。パリ最高法院が、その傘下にある参議たちに、カトリックを信奉する旨を誓約するように迫った際、しぶしぶ承諾したのもそのためです。

モンテーニュの本心は、著作『エセー』に書きつけられたように、「私の理性は曲げられたり折られたりするようには仕込まれていない。そうされるのは私の膝である」だったのです。

モンテーニュの『エセー』には、透徹した理性が放つ英知が充満しています。例えば、新教徒軍からルーアンを奪回するために、旧教徒たちが国王軍に従って出陣したとき、数名の南米大陸の原住民に出会います。そのうちの三人が、当時十二歳のシャルル九世に引見されて、以下のような感想を漏らしました。

――一人の少年の前で、髯面の屈強な大男たちがこぞって平身低頭する光景は奇妙でならない。この国フランスには、一方に安楽に暮らす豊かな人がいる半面、その門前には飢えて痩せさらばえた人間が食を乞うているのも、不思議でならない。よくもその痩せた人々が、安楽に暮らす人たちの家に火をつけ、首を絞めようとしないものだ。

モンテーニュはこの原住民の意見こそが理性にかなっていると賞揚するのです。

また当時アメリカ大陸の「発見」後に、ヨーロッパで話題になった原住民の人食い習慣についても、モンテーニュは一家言を呈します。

ポルトガル人が捕虜にした原住民を、下半身まで土中に埋め、上半身一面に矢を射かけたあと、さらに首を絞めて殺したと知って、モンテーニュはこう言うのです。

「生きた人間の肉体を引き裂いて、少しずつ火で炙《あぶ》り、犬や豚の群に投じるほうが、死んだ人間を炙って食うよりもはるかに野蛮ではないか」

またアステカとインカ帝国の原住民に対するスペイン人の非道な振舞いも、モンテーニュは非難します。

スペイン人は原住民に対して、「自分たちは、世界で最も偉大な君主カステリア王の命令を受けて来た。カステリア王は、その上で神を代表しておられるローマ教皇から支配権を与えられている。いさぎよく臣下に下れ」と言ったのです。これに対する原住民の返事は次のとおりでした。

――あなた方は自分たちを平和の民と言っているが、それらしい顔つきではない。あなた方の王というお方が、この土地を欲しいと言うのであれば、よほど暮らし向きがよくないのだろう。またその上のお方が、何のかかわりもないここの支配を与えたのであれば、また喧嘩早いお方で、争いが好きなのだろう。

モンテーニュは、この原住民の言い分のほうに論理の正しさを認めました。侵入者であるスペイン人のほうが野蛮人であり、キリスト教に反する蛮行だと評したのです。

つつましやかな、目に見え難い考え

以上のようにエラスムス、ラブレー、モンテーニュといったユマニストの系譜を辿っていくと、ひとつの道筋が浮かび上がってきます。それは、ものの道理、人を人として尊ぶ考え、過度に一方に与する行為への制止、行き過ぎた行為への警告という、静かな道筋です。決して仰々しくはありません。大向こうを唸らせる思想でもありません。あくまでつつましやかな、目に見え難い考えです。これが寛容の本質です。

第六章でも述べたマザー・テレサの言葉に、次のような真理をついた述懐があります。

その人が、
ヒンドゥー教徒であれ、
イスラム教徒であれ、キリスト教徒であれ、
どのように生きてきたのか、ということが、
その人の人生がまったく神のものであるかどうかを、
証明するのです。
わたしたちは、非難したり判断したり、

人々を傷つけるような言葉を言ったりすることはできません。わたしたちは、神がどのようなやり方で、その魂に現れ、ご自分の方へ引き寄せられるのか、分からないのですから。そうであれば、だれかのことを非難するなど、いったい、わたしたちは何様なのでしょうか。

寛容は大きな力は持ち得ません。しかし寛容がないところでは、必ずや物事を極端に走らせてしまいます。この寛容を支えているのが、実はネガティブ・ケイパビリティなのです。どうにも解決できない問題を、宙ぶらりんのまま、何とか耐え続けていく力が、寛容の火を絶やさずに守っているのです。

現代のユマニスト・メルケル首相

最近の世界の出来事の中で、このユマニストの系譜に立っていると私が感心したのは、ドイツのアンゲラ・メルケル首相です。「タイム」誌が、二〇一五年「今年の人」として、二十九年ぶりに女性を選んだのが、メルケル首相でした。

その理由は、一年の間に三度もあったEUの危機で、首相が敢然としてとった態度のようです。

一回目は、ＥＵの一国ギリシャが財政危機に瀕した際に、あくまでもギリシャを排除せず、救済策とともに改革案を突きつけたときでした。膨大な赤字を負ったギリシャを切り離せば、ＥＵの理念が崩れ去ります。他国の赤字を救うのに税金を使われてはかなわないと、不満をもらすドイツ国民をまず説き伏せます。一方で放漫な国家運営で赤字を膨らませたギリシャ政府には、血のにじむ緊縮財政策を突きつけました。結局この説得が功を奏し、他のＥＵ諸国はメルケル首相のあとに続くしかなかったのです。

二回目は、ロシアのプーチン大統領が指揮したウクライナ領クリミア半島への侵攻に際し、直ちにロシアへの経済封鎖という対抗策を打ち出し、他の欧米諸国も足並を揃えました。ロシアのクリミア侵入は、まさしく十九世紀風の野心であり、二十一世紀の近代国家のやる振舞いではないからです。

そして三回目が、中東からの避難民に対していち早く受け入れを表明した決断です。半年後にもうこれ以上受け入れは無理だと声明を出したものの、結局は二〇一五年中に百万人もの避難民がドイツで新生活を始めました。避難民による犯罪が多発したとき、首相の決断への非難は最高頂に達しました。しかしメルケル首相は怯むどころか、百万人の避難民が将来必ずドイツのために働いてくれると確信しているようでした。その後、避難民を嫌う人々に極右の党が訴え、フランスでもドイツでも票を大幅に伸ばしました。しかしそれでもメルケル首相は、自分の決断が正しかったと思っているでしょう。私もそう思います。

この三度の決断の底にあったのは、おそらく人道主義でしょう。ヒューマニズムです。

ギリシャ政府は確かに野放図な金の使い方をして、国を破綻寸前に追い込みました。しかし、国民自体に罪はありません。EUの中に住むギリシャ国民を救う必要があると、首相は考えたのです。

ロシアの侵攻のときも、メルケル首相はウクライナの人々の人権が侵されたと感じたのだと思います。そして中東からの避難民に子供が多数含まれ、そのうち何人かの死体がギリシャの海岸に打ち上げられたとき、メルケル首相は衝撃を受けたのです。命を賭けてまでEU諸国を目ざす避難民を、もはや坐視するわけにはいかなくなったのです。

こうしたヒューマニズムが、どうやってひとりの女性の魂に根づいたのかを考えると、多くのことを学べます。幼い頃からの経歴のひとつひとつが、首相に、ヒューマニティ、寛容、忍耐を形成させたのです。

首相は牧師の娘として生まれています。父の教えは、おそらく「慈悲こそ武器」だったはずです。教育を受けたのは東ドイツで、七歳のとき、ベルリンの壁が作られるのを目撃しています。ライプチッヒ大学で物理学を学び、メルケルという名の科学者と結婚します。四年後に離婚したあとも、そのメルケルを姓としました。そして化学者である現在の夫と同棲したのちに結婚します。彼女自身も量子化学の分野で博士号を取得しました。

一九八九年十一月九日、ベルリンの壁が壊されたとき、彼女は三十五歳でした。それまでに彼女は、ソ連圏内の国民として許される限り旅をしました。しかし西ドイツやカリフォルニアを見るのは、テレビを通してだけです。ブルガリアを訪れたときには、閉ざされた国境の先にギリシャがあることを思い知らされます。

三十六歳で東独の大臣に抜擢され、西独との接触が始まります。東西ドイツが融合すると、キリスト教民主同盟に属して本格的に政治家の道を歩み出すのです。統一後の選挙で勝利した党首ヘルムート・コールは首相になり、メルケルを女性と若者担当相に任命しました。このときの彼女の評価は、「憶病で恥ずかしがり屋だが、エネルギーとパワーがあった」です。

一九九四年の選挙で再びキリスト教民主同盟が勝利すると、彼女は環境大臣に任命されます。対立する社会民主党は、彼女の実力をみくびっていた節があります。その党首で一九九八年から二〇〇五年まで首相の座にあったゲルハルト・シュレーダーも、二〇〇五年の選挙で、彼女に負けるとは、思ってもいなかったようです。

二〇〇五年、メルケルは五十一歳のとき首相に選出され、ドイツとEUの舵取りを任されます。それから十年、ドイツとEUのみならず世界全体がメルケル首相を頼りにしていると言えます。

メルケル首相の原点は、何といっても父親の訓育の賜物であるキリスト教の精神でしょう。第二が、ソ連圏内の東ドイツでの人権が無視された不自由生活の体験です。当時東ドイツは二十七万人の市民生活監視人を擁していたそうですから、自由な物言いなどできなかったのです。

この二つの背景が、メルケル首相に、寛容とヒューマニズムをもたらしたのです。

避難民の受容に反対するドイツ国民の怒りに対処するメルケル首相の態度には、ネガティブ・ケイパビリティを感じます。非難されながらも一線は譲らず、相手を静かに説得し、理性をもって結論を導くやり方に、時が経つと反対派もいつの間にか矛を収めているのです。避難民の多くは、現在語学教育や職業訓練に励んでいることでしょう。メルケル首相が受け入れた百数十万人は、今後十年後二十年後にはドイツの底力を担うとともに、出身国の復興を支える人材になっているでしょう。

不寛容のトランプ大統領

メルケル首相と全く対照的なのが、アメリカ合衆国の大統領になったドナルド・トランプ氏です。

・アメリカ第一主義に徹して偉大なアメリカを取り戻す。
・防衛をアメリカだけが担うのは不公平、ドイツや日本にも応分に負担してもらう。
・怪しいテロリストはすべて捕え、イスラミック・ステートも叩きのめす。
・中国はアメリカから金を抜き取って、国を建て直した。

・イスラム教徒は一切アメリカ国内に入れない。
・メキシコからの違法入国を防ぐために、国境に壁をつくる。
・対抗馬のマルコ・ルビオは小物、テッド・クルーズは嘘つき、ジェブ・ブッシュは低エンジン。

大統領選挙中に吐いたこうした言葉のどれひとつとっても、そこに寛容さのひとかけらもないのが分かります。

この威勢のよい、決めつけの言説は、既にヒトラーが用いていました。

・われわれの指導によって、今後このドイツは再び偉大な国に、活気ある国に戻るであろう。
・今日ユダヤ人がわが民族に与える危険性に、わが民族の大部分の人が反感を抱いている。
・政治的運動としての反ユダヤ主義は、感情という判断基準によってではなく、事実認識によって許される。
・どのドイツ人も反ユダヤ主義者であらねばならない。
・ユダヤ系新聞は、国民に毒を流している。
・いつの日か、太陽が再び見えてくる日が来る。
・国民が立ち上がり、嵐が起こる。

・われわれの綱領の実現のために、われわれは命知らず、無鉄砲になりたいと思う。
・ドイツ人は戦後、他国の金槌で叩かれる金敷きであったが、今後はわれわれが金槌のほうになるようにしようではないか。
・私は今日、再び予言者でありたいと思う。もしもヨーロッパ内外の国際金融ユダヤ人たちが、もう一度諸国民を世界大戦へ突き落とすようなことがあったならば、その帰結は、世界のボルシェヴィキ化でもユダヤ人の勝利でもなくて、ヨーロッパにおけるユダヤ人種の絶滅となるであろう。

この寛容とは無縁の演説が、ドイツ国民を反ユダヤ主義に駆りたて、第二次世界大戦の口火を切らせたのです。哀れにもそれに追従して、太平洋戦争に突入したのが日本でした。

寛容を切り捨てた態度は、大統領選でのトランプ氏の言動から容易に分かるように、どこか勢いのよい外見を呈します。片やヒトラーは、第一次大戦後の疲弊したドイツ国民を熱狂させ、片やトランプ大統領は、発展に取り残された中流以下の白人層の支持をとりつけたのです。論争において優位を保つのは、十中八九、不寛容の側です。

しかし不寛容さが勝利し、世の中を大手を振って歩くようになったら、どうなるでしょうか。それこそ歴史は、十九世紀、十八世紀に逆戻りしてしまいます。

悲しいことに、現在は不寛容が社会に深く根を張りつつあるのです。格差や貧困、差別が存在するときこそ、寛容の精神が発揚されなければいけないのにもかかわらず、喧嘩腰の不寛容さが世の中を支配しています。

障害者は世の中のお荷物だとうそぶいて、重度の障害者を十九人殺害した若者の考え方は、ナチスが障害者を抹殺した思想の丸写しです。

ナチスが障害者を抹消した方法には、二とおりありました。ひとつは餓死メニューです。食事量を少しずつ減らしていき、最後は餓死させるやり方です。もうひとつは、重病患者を病院から連れ出して〈集中治療病院〉に移送する方法です。そこでどういう治療が行われたか、送り出した側は何も知りません。おそらくガス室に送りこまれたのでしょう。これが、アウシュヴィッツに代表されるユダヤ人収容所での、ガス室送りの準備実験になったのは間違いありません。この様子は、『ヒトラーの防具』で私も描いています。

実を言えば、餓死メニューはドイツだけでなく、ヴィシー政権下でのフランスでも採用されたのです。対象となったのは精神障害者でした。食事摂取量を段階的に減らされ、最後は死を迎えます。この死に対して、病院の責任者は決して〈餓死〉とは記載せず、心不全、感染症、肺炎などの死因を用いました。こうしてヴィシー政権下で、飢えもしくは寒さで命を落とした精神病患者は四万人にのぼると見積もられています。

そこまで極端でなくても、高齢者への虐待や子供への虐待、生活保護受給者に投げかけられる侮辱の言葉など、根本にあるのは不寛容です。

不寛容の行く先は、いったい何でしょうか。私はそれが戦争だと考えています。そして平和を支える精神こそが寛容だと心の底から思うのです。

「タイム」誌が二〇一六年の「今年の人」に選出したのは、奇しくもトランプ大統領でした。メルケル首相とトランプ大統領が象徴するように、これからは寛容と不寛容のせめぎ合いの時代に突入して行きます。ちょうどエラスムスやラブレー、モンテーニュの時代の様相とそっくりです。

不寛容の先にある戦争

私が文章の力、言葉の力に魅了された最初の書物は、高校生のときに読んだ『きけわだつみのこえ』でした。そこには、若くして戦争に駆り出された学生たちの最後の言葉が連なっていました。自分より三つか四つ年上に過ぎない人たちが、戦場で死なねばならない現実に、読みながら何度も涙しました。その学生たちはまさか戦死するために勉強したはずはありません。学業半ばにして両親より先に死なねばならなかった理不尽さに、胸を衝かれたのです。

幸い自分の生きている時代には、戦争は起こりそうもないので、この死んだ先輩学生たちの分まで勉強して、生きてやろうと胸に誓ったのを覚えています。

若い頃の読書も戦争物が多く、好きだった三作をあげよと言われれば、梅崎春生の『桜島』と島尾敏雄の『出発は遂に訪れず』、そして大岡昇平の『俘虜記』でした。

作家になったあとも、戦争を何度も取り上げています。処女作の『白い夏の墓標』からして、戦争の余燼がくすぶる戦後の時代を描いています。『空の色紙』の「頭蓋に立つ旗」には、九州帝国大学医学部における米人パイロットの生体解剖事件のエピソードを入れています。『三たびの海峡』は、戦時下筑豊の炭鉱に連行されて働かされた朝鮮人を主人公にしています。『ヒトラーの防具』は、やはり戦時下のドイツが舞台です。『逃亡』は、香港で戦地憲兵として任務を果たした男の記録です。『ソルハ』は、タリバンの圧制下で懸命に生きるアフガニスタンの少女が主人公です。そして『軍医たちの黙示録』の二巻「蠅の帝国」と「蛍の航跡」は、第二次大戦下の三十人の軍医の苦悩を描いています。

戦後生まれだというのに、戦争を書く動機になったのは、思春期に読んだ『きけわだつみのこえ』の衝撃が余りに生々しいからです。戦争のせいで、前途を閉ざされて戦場に赴く若者ほど、可哀想な人間はいません。これまで学んできたことが全く反故《ほご》にされて、自分が人殺しの道具にされてしまうのです。しかも戦争は、例外なく若者ではなく、大人によって始められるのです。こんな理不尽なことはありません。

『きけわだつみのこえ』で遺書を残した若者が、どうやって戦地に狩り出されていったか、振り返ってみましょう。戦場への道筋は、ある日突然開かれるのではなく、布石は何年も前に置かれているのです。

日本では明治憲法の規定で、男子は満二十歳になると徴兵検査を受け、合格すれば、一定期間陸軍か海軍で軍務につく義務がありました。これが「兵役の義務」です。

しかし一方で、「徴兵猶予」の恩典もありました。文部省の管轄する大学、高校、専門学校、大学専門部に在学中の者は、満二十六歳になるまで、軍務につくのを延期されたのです。もちろん二十六歳になれば徴兵されました。

戦局が厳しくなった昭和十八年（一九四三）の十月初め、ときの東条英機内閣は臨時特例を出して、「徴兵猶予」の恩典を反故にしました。これによって、この時点で二十歳に達していた約十五万人の学生（ほぼ大正十年から十二年生まれ）は、各自の原籍地で徴兵検査を受けなければならなくなったのです。

合格した者は、陸軍は十二月一日、海軍は十日に入隊します。当時の戦局は、戦線が大陸から太平洋西南全域に拡大、負け戦で兵力の消耗が顕著でした。特に下級指揮官の不足が甚だしく、軍の専門機関である陸軍士官学校、海軍兵学校、陸軍経理学校、海軍経理学校などで養成した軍人では間に合わなくなっていました。

これに先立って実施されていたのが、文部省による在学年限の短縮措置でした。もちろん軍部の強い要請があったからです。昭和十七年三月卒業予定者は、半年早めて昭和十六年十二月に、昭和十八年三月卒業予定者も半年早めて昭和十七年九月に卒業させます。そして昭和十九年三月卒業予定者も、やはり半年繰り上げて昭和十八年九月に卒業させました。卒業すれば、徴兵が当然待ち受けていたのです。

しかしこれでは満足せず、東条内閣は根こそぎ学生を徴兵するために、先に述べたように昭和十八年十月初め、徴兵猶予の恩恵を廃止します。

こうして全国の学生の大半が入隊する結果になります。十月二十一日、明治神宮外苑の競技場で、「出陣学徒壮行会」が開催されます。これは授業の一環と見なされたので、都下および神奈川、千葉、埼玉県下の大学、高等専門学校、師範学校七十七校から推定で十万人が参加しました。正確な人数は軍事機密として公表されませんでした。

これを見送るのは、家族や女子専門学校、男女中学校の生徒百七校の七万五千人でした。折しも雨天で、陸軍戸山学校軍楽隊の奏する『抜刀隊』に足並を合わせて分列行進します。制服制帽はずぶ濡れ、担ぐ剣つき銃は冷たく、ゲートルを巻いた靴にも雨水がはいります。

スタンドで拍手を送る女子学生たちは、もちろん傘もコートもなく、同じように濡れねずみでした。

東条首相の壮行の辞は、「諸君が勇躍学窓より征途に就き、祖先の遺風を昂揚し仇なす敵を撃滅して皇道を扶翼し奉る日は来たのである」でした。

続く岡部長景文相の壮行の辞は、「諸子は単なる学徒ではなく実に身を以て大君の御楯となるべき最も大切なる使命を負うの秋《とき》が来たのであり」です。

同じく在校生による壮行の辞は、慶応大学医学部学生奥井津二が述べました。医学部学生だけは、この学徒出陣から免除されていました。「諸兄が学窓を去って戦場に赴くことは決して学徒たることを止めることでないのと等しく、吾々学窓に留まるものも、決して兵士たることを忘れ去ることではないのであります」。

これに対する答辞は、東大文学部の江橋慎四郎が述べました。「今や見敵必殺の銃剣を提げ、積年忍苦の精進研鑽を挙げて悉くこの光栄ある重圧に捧げ、挺身以て頑敵を撃滅せん、生等《せいら》もとより生還を期せず」。

戦局は緒戦の勢いをなくし、負け戦があちこちで始まっていましたから、学徒出陣した若者たちは、それぞれおのおの郷里で徴兵検査を受け、十二月に入隊しました。胸の内は生還など夢のまた夢だったはずです。

事実、翌十九年になると、二月にトラック島が米軍の空襲を受け、軍機二百七十機が損壊されます。六月にはマリアナ沖海戦で大敗し、七月にはサイパン島で守備隊三万人全滅、七割以上の死傷者が出たインパール作戦も中止されます。これによって東条内閣は総辞職し、小磯国昭陸軍大将と米内光政海軍大将の二人内閣が、あくまで戦争継続を目的として成立します。
各地で玉砕が相継ぎ、特攻出撃、食糧欠乏、空襲、強制疎開、年配者も応召と続き、敗戦の色はますます濃くなっていくのです。

戦死者の言葉『きけわだつみのこえ』

『きけわだつみのこえ』に最後の言葉を残している若者は、この過程で散華《さんげ》したのです。
上原良司、慶応大学経済学部学生、陸軍特別攻撃隊員として沖縄嘉手納湾で突入戦死、二十二歳
――戦争において勝敗をえんとすればその国の主義を見れば事前において判明すると思います。人間の本性に合った自然な主義を持った国の勝戦《かちいくさ》は火を見るより明らかであると思います。
吉村友男、早稲田大学文学部国文科学生、比島《フィリピン》西方海上にて戦死、二十二歳
――現代のような激しい時代になると、学者はふたつに分れると思います。一つは、自分の学問を信じあくまで現代を批判しようとする人と学問なんかそっちのけにして、現実に押し流されていく人と。

岡本馨、早稲田大学学生、中国戦線で戦死、没年不明
——人間が生きて、意識の生活をなし、何か茫漠《ぼうばく》たるものに憧《あこが》れを持つ限りは私たちはこの孤独を悲しい同伴者として持つべき運命にあるのでしょう。

板尾興市、東京商大学生、本州東方海上にて戦死、二十一歳
——七時半よりの東条首相の講演に間に合った。これぞまさに来《きた》るべきもの。吾々の運命の見通しに決定的な影響を与えるものである。学徒の徴兵猶予停止、法経文の諸学校の教育停止、その整理統合。

佐藤孝、東京美術学校油絵科学生、ルソン島にて戦死、二十一歳
——私の好きであった娘たちは嫁《とつ》いで行くであろう。見知らぬ人のもとへ。
意外な人が死んでこの世から去ることであろう。
その中に私の生命も滅びるかも知れない。だがどんなことがあったにしろ、いつも変らないもの、それは私が今までに苦しみあえぎなやみした私の絵であろう。絵は永遠に残ってくれるだろう。

加藤晨一、京大経済学部学生、ビルマにて戦死、二十二歳

――久しぶりに帰って来た京都が、(雨で：引用者注) 清められていたという事は、神様の思《おぼ》し召しに違いないと有難がりました。東京にいた時は、京都に行ったらもう最後だから、あそこにも行こう、ここにも行っておこうと思って来ましたがいざ来てみるといろいろな雑務もあり、入営の準備もあり、何よりもまず友が一足先に入営したあとの空虚さにうたれて、何も手がつかないでいます。それでも今日一杯は、学生でいたく、教室にも出たり、読みたくて読めなかった本を読んだり、して来た事の整理をしたり、精一杯の事をしていますが、何んといっても大切なのは、学問の精神を忘れない事と思って見ては、机の前でぼんやりと考える時が多いようです。

山根明、東大文学部社会学科学生、華南長沙にて戦病死、二十歳

――記念祭、一高戦、部生活、それはすべて全霊的現象でした。これを味わったことは悔《く》いないばかりか、全霊的活動の一つのエデンの園です。永遠のあこがれのビルドとして、再び現実に帰り得なかった所となりました。

平井聖《きよし》、東北大法文学部学生、仙台にて爆死、二十歳

――またしても母の転科を奨むるますます烈《はげ》しくなった、ただひとりの息子――その成長ばかりを願って来た母は、わが子をみすみす戦争に死なせるのはけだし〝願わざるの甚《はなは》だしき〟ものであ

ろう！　その憂《うれ》いその心配はまるで狂気のごとく、母としてはほとんど泣かんばかりの真剣な態度で自分に哀訴するのであった。

菊山裕生、東大法学部学生、ルソン島にて戦死、二十三歳

――一体私は陛下のために銃をとるのであろうか、あるいは祖国のために（観念上の）またあるいは私にとって疑いきれぬ肉親の愛のために、更に常に私の故郷であった日本の自然のために、あるいはこれら全部または一部のためにであろうか。しかし今の私にはこれらのために自己の死を賭《と》するという事が解決されないでいるのである。

佐々木八郎、東大経済学部学生、昭和特攻隊員として沖縄海上にて戦死、二十三歳

――我々は死物狂いで与えられた義務としての経済学を研究して来た。この道を自ら選んだ自分の義務であるからだ。その上に体力に恵まれ、活動能力を人並み以上に授《さず》かった自分としては身を国のために捧げ得る幸福なる義務をも有しているのだ。

松岡欣平、東大経済学部学生、ビルマにて戦死、二十二歳

――率直にいうならば、政府よ、日本の現在行っている戦いは勝算あってやっているのであろう

か。いつも空莫《くうばく》たる勝利を夢みて戦っているのではないか、国民に向って日本は必ず勝つと断言できるか。いつもこの断言のためには非常な無理に近い条件がついているのではないか。

以上、学徒出陣後に徴兵検査を受けて入営、戦死した学生たち十一名の遺した言葉を再録しました。みんな戦争によって、人生の芽を摘みとられた若者です。

戦争は、こうした国の宝とも言うべき若者の命を、いとも簡単に吸い取ります。戦争を始め、遂行するのは、若者ではありません。分別があるはずの大人たち、年配者たちです。

十一人の中に画学生の佐藤さんがいて、自分が死んでも、作品だけは永遠に残ると言っていました。そんな戦没した若い画家たちの絵を展示しているのが、長野県上田市にある「無言館」です。

絵を見ていると、もし戦争がなかったら、あったとしても生還できたら、どんな作品が描かれていたろうと想像がかき立てられます。そんな未来に生まれたはずの絵も、戦争は閉ざしてしまうのです。

画家の野見山暁治氏は、一九四三年十一月中国東北部の満州牡丹江省に出征し、病気で内地送還されて敗戦を迎えました。その後、戦没した画学生の遺作を収集して、「無言館」の基礎をつくり、次のように書きつけます。

――ある日、道ばたに美しい色の断片が滲んでいるのを見つけた。凍りついた雪をしばらくぼくは靴の先で削り、ようやくその色を手にとることができた。なんでもない蜜柑の皮だ。あの透明にうすくうすく絵具を重ねて空気の層をかもしだす中世北欧の画家の見事な手法を、ぼくははじめて実感した。もし生きて還れることがあったら、絵を描きたいとそのときほど願ったことはない。

あれからの長い年月、ずっとぼくは絵と向かいあってきたが、ついに還ってこなかった友人たちは、どんな思いで辺境の地に息を引きとったものか。ぼくはそのひとりひとりにお辞儀したい。

戦争は、兵士だけでなく一般の人々も、地獄絵の一部にしてしまいます。『人間の条件』を書いた五味川純平は、父親が日露戦争後に満州に渡り、そこで生まれた「満州二世」でした。内地で学校を終え、満州に戻って鞍山の製鉄所に職を得ます。現地召集され、ソ満国境に配置されます。日本の敗戦が濃くなった八月九日、ソ連が参戦を布告、一気に満州に侵攻します。このとき作家が所属していた中隊は、ソ連戦車隊の猛攻を受けて壊滅寸前となり、生き残った兵士は敗残の身となります。

実を言えば、この二ヵ月前、大本営はいざというときは、満州の北四分の三を放棄し、大連と新京を結ぶ線あたりに防衛線を設けるようにしていました。ですから八月十日には、軍の家族をいち早く南下させ、十二日には関東軍と政府機関も、一斉に南下したのです。

哀れだったのは北四分の三に残された在留邦人でした。破竹の勢いで進攻するソ連軍の略奪と暴行に加えて、復讐に燃える現地人の攻撃にもさらされます。

敗戦兵になった五味川純平たちにも、邦人は「兵隊さん、連れて行って下さい」と頼み込むのです。しかし疲労からか、小休止のたびに従う人数は脱落して減っていきます。

それから先の惨状は、作家自身の筆を借りたほうがいいでしょう。


四日目の夕暮れどき、精も根もつきはて横になっていると、さながら幽鬼のような足どりで女が歩いてきた。だが一緒のはずの赤ン坊がいない。どうしたのだと詰問すると、鈍くよどんで光のない眼を向けながら、「抱いて歩けなかった、もう一歩も。捨ててきた……」とうめくように言った。

密林地帯のはずれには、酸鼻をきわめる飢餓地獄がひろがっていた。死体は見なれているはずの私が思わず眼をそむけたほどの惨たる光景である。

手に豆がらをしっかり握ったままの子供が、老妻を抱きかかえるようにした老人が、女が、男が……それぞれバラバラの位置で、死んでいた。すでに干からびている。男は女を捨て、女は子を捨て、子は親を捨て、彷徨《さまよ》ったに違いない。それらは、さながら死神が垂れた野糞のように、たわいなく転がっていた。

これが戦争の実相です。『きけわだつみのこえ』の編集に尽力した渡辺一夫は、その前書としての「感想」に、ジャン・タルジューの短詩を掲げ、「若くして非業死《ひごうし》を求めさせられた学徒諸君のために、僕は、心から黙禱を献《ささ》げたいと思う」と記しました。
そのフランスの詩人の詩は次のようなものです。

死んだ人々は、還《かえ》ってこない以上、
生き残った人々は、何が判《わか》ればいい?

死んだ人々には、慨《なげ》く術《すべ》もない以上、
生き残った人々は、誰のこと、何を、慨《なげ》いたらいい?
死んだ人々は、もはや黙ってはいられぬ以上、
生き残った人々は沈黙を守るべきなのか?

沈黙を守ってはいけないのです。声をあげ、声を大きくして、戦争だけは絶対に回避しなければならないのです。

為政者に欠けたネガティブ・ケイパビリティ

開戦に至る軌跡を辿るとき、私はそこに為政者のネガティブ・ケイパビリティの欠如を見るのです。どうにもならない宙ぶらりんの状態を耐えることなく、ええいままよ、とばかり戦争に突入していく、情けない指導者たちの後姿が見えて仕方がありません。

まず日本が中国に侵入するきっかけになった満州事変を振り返ってみましょう。

一九三一年九月、奉天郊外の柳条湖で、南満州鉄道が爆破されます。日本軍はこれを中国軍の犯行だと決めつけ、軍事行動を拡大しました。

中国は国際連盟に提訴、日本以外の全理事国の合意で、英国のリットンを団長とする調査団の派遣を決めます。しかしそんな世界の情勢にはお構いなく、日本軍は戦火を拡大し、ついに満州国の建国を宣言しました。

リットン調査団は翌年十月、満州事変を日本の侵略行為だと断定、さらにその翌年二月、国際連盟の総会で勧告決議案が出されます。これは日本の侵略行為を認定したうえで、日本に満州からの撤兵を促すものでした。

この勧告決議案が採択されると踏んだ全権大使の松岡洋右《ようすけ》は、憤然として会場から退出、連盟を脱退したのです。これによって日本は孤立化の道を突き進んでいきます。

こんなときこそ、指導者は踏みとどまって一考も再考も三考もすべきだったのです。ネガティブ・ケイパビリティは完全に失われていました。

実はこのとき国民も声を大にして脱退を喜んだのですから、実は国民全体に、ネガティブ・ケイパビリティが欠如したと結論できます。

このあと、日中戦争はとどまるところを知らず、戦いは泥沼化していきます。そしてとうとう、日本は米国にまでも宣戦布告してしまいます。このときの為政者も、ネガティブ・ケイパビリティを持ち合わせていませんでした。

日本が開戦に踏み切った原因にされているのは、米国のハル国務長官が一九四一年十一月に、野村吉三郎《きちさぶろう》駐米大使と来栖《くるす》三郎特派大使に示された「包括的基礎協定案」です。ハル・ノートとも呼ばれ、骨子は以下の五項目から成っていました。①日・米・英・蘭・中・ソ・タイ間の不可侵条約の締結、②中国と仏印からの兵力の撤収、③重慶国民政府の承認、④中国における権益の放棄、⑤日独伊三国同盟の破棄、です。

これに先立つ四月、ハル国務長官は次の四原則も提示していました。①あらゆる国家の領土保全と主権の尊重、②内政不干渉、③機会均等、④平和的手段によらない限り太平洋の現状を変更しない。

この四原則提示のあと、七月に米英は日本の資産を凍結し、八月に米国が日本への原油の輸出を全面停止する経済封鎖を始めます。経済封鎖をしておいてから、要求を提示するという用意周到さでした。

これらの要求を吞むとすれば、大陸進出と仏印進出、さらには日独伊三国同盟から手を引かねばなりません。せっかく手に入れた領土ですし、三国同盟のうちドイツは強力な指導者ヒトラーが国威を高揚しています。すべて提案を受け入れるとすれば、獲得した権益を手離し、ドイツとも手を切らねばなりません。実に苦しい選択です。交渉するにもどこから手をつけるべきか分からないような難局です。

しかし日本はこのとき、既に軍部が国の運命を左右する実権を手にしていました。苦心して獲得した「領土」を今さら手離すなど言語道断です。ましてナチスドイツは、六月に三百万の軍勢でソ連に侵攻しています。ドイツ軍の後楯があれば、そして日本とドイツが東西で手を結べば、欧米の列強など蹴散らせます。

軍人の論理からすれば、どうにもならない難局を打破するには、戦争しかないのが当然です。針の穴に糸を通すようにして、何とか解決の道を探る、ネガティブ・ケイパビリティは、軍人の頭にはありません。

先の戦争は、国の主権を軍部に乗っ取られた時点で、もう破滅への道を歩み始めていたのです。軍隊は、ネガティブ・ケイパビリティとは全く無縁の存在であり、それが大手を振って歩き出した先では、寛容も踏みにじられ、戦争が待っていると言っていいでしょう。

平和を維持するためには、為政者は特に、そして国民ひとりひとりが、ネガティブ・ケイパビリティを発揮しなければならないのです。

おわりに――再び共感について

共感の成熟に寄り添うネガティブ・ケイパビリティ

もう四十年近く前、九州大学医学部の精神科に入局した十名が、教授室に呼ばれました。教授は、その後、精神医学の面でも文章の面でも私の恩師となる中尾弘之先生でした。

雑談の中で、同期のM先生が居住いをただして質問したのは、「精神科医として一番大切なのは、何でしょうか」でした。

中尾教授の返事は、何と「親切」でした。もっと高邁な言葉を期待していたみんなが拍子抜けしたのは言うまでもありません。それを見てとって、中尾先生は言葉を継いだのです。

「米国では、"You are kind" というのが最大の誉め言葉です。ですからこれを目ざせば間違いありません」

戦後米国での研究生活が長かった中尾先生ならではの感想だと、私は心打たれ、以来「親切」が特別な重味を持つようになりました。この「親切」については、かつて自作『カシスの舞い』（一九八三年刊）の中で、主人公の留学中の恩師の言葉として取り上げています。

そして共感（Empathy）を巡って論考を重ねてきた今、この親切こそが、共感への入口だと確信しています。

実はもうひとり、私にこの小冊子を書く動機を与えてくれた精神科教授がいます。それはもう四半世紀以上も前から交誼を結んでいる韓国の李鎬榮《イホヨン》先生です。李先生の父君は戦前精神科医師として、家族ともども九大精神科に留学していました。脳病理を学ぶためです。そのとき李先生は二歳だったので博多での生活は記憶にありません。父君は老人斑の研究で博士号を取得し、母国に戻ります。そのまま健在であれば、戦後は韓国精神医学の重鎮になられたはずです。しかし不幸にも戦争末期に発疹チフスに罹患し、四十一歳の若さで死去されました。

李鎬榮先生はその後、延世大学の医学部に入学、在学中に朝鮮戦争が始まったため、軍医として召集されます。卒業後に渡米、米国生活は二十年余に及び、一九八四年に帰国し、母校延世大学医学部の精神科教授として迎えられます。

李先生が父君が残された博士論文を探すため、九大精神科の中尾教授を訪問されたのは一九八八年でした。ちょうど中尾先生の退官の年で、医局長を務めていた私が応待を言いつけられたのです。幸い父君の博士論文は医学図書館で見つかりました。朝鮮戦争のどさくさで、韓国には論文が残っていなかったのです。

李先生は一九九三年に延世大学を退官したあと、水原《スウォン》にある亜州《アジュ》大学に招かれ、一九九八年から二〇〇〇年まで総長の要職にありました。私が精神科医の友人たちと李先生を訪問したのは二〇〇一年で、名誉総長職にありました。その後二〇一三年にも李先生を訪ね、李先生の案内で、ソウルや江華《カンファド》道の精神科施設を見学できたのです。

二〇一五年になって李先生夫妻は、娘さん一家が暮らす米国のニュージャージー州に移住を決心され、その前にご夫妻で私の家に見えました。もう今上の別れになるかもしれないと思われたからでしょう。

自宅での食事の席で、李先生が口にされたのが、「人間の最高の財産は、Empathy です。これは動物でも備わっています」でした。

共感が人生で大切だとは分かっていたものの、「人間の最高の財産」と明言されて、何かが腑に落ちた気がしました。

同時に「共感は動物にも備わっています」の言葉で、想起した動物実験がありました。確かラットの実験で、二つのゲージを並べ、片方のゲージには水を入れ、ラットが溺死する寸前までストレスを加えます。隣のゲージのラットはそれを見ているだけです。あとでストレス性の胃潰瘍の有無を調べると、溺死寸前まで傷めつけられたラットに胃潰瘍が生じていたのは無論です。ところが見物していたラットにも同様の病変が見られたのです。これが動物における共感の原型だと結論できます。

米国に移住後も、李先生から時折メールがはいります。米国でのお孫さんの小学校での教育を見て、この共感を育てはぐくむのに、いかに力が注がれているかに驚かされるそうです。常に互いに助け合うことを学び、チームでプレイするのを楽しみながら、他の子の身になって考える習慣を養成するのだと言います。少し年長になると、グループでの討論や行動決定によって、他の子の違う意見を知り、互いが理解し合って、最後に合意に至る過程を学びます。

李先生に言わせると、この過程で子供の「社会脳」が成熟し、他者の気持を知って理解する土台ができあがります。次の段階は、他者の感情や痛みを分かち合う能力の育成です。こうやって、たとえ対立があったとしても、もっと明るい未来に向かっての展望を失わなくてもすみます。

李先生によると、さらに次の段階では、「スピリチュアルな共感」が待ち受けています。つまり、ヒトは生物として共感の土台には恵まれているものの、それを深く強いものにするためには、不断の教育と努力が必要になるのです。

この共感が成熟していく過程に、常に寄り添っている伴走者こそが、ネガティブ・ケイパビリティなのです。ネガティブ・ケイパビリティがないところに、共感は育たないと言い換えてもいいでしょう。

現代史の中で、大量虐殺の場を三つ挙げるとすれば、アウシュヴィッツ、カンボジアのキィリングフィールド、そしてルワンダでしょう。アウシュヴィッツは、ドイツ民族によるユダヤ民族の虐殺、キィリングフィールドは、同じ民族内での虐殺、そしてルワンダでは、フツ族によるツチ族の虐殺でした。

虐殺の場に欠けていたのは、いみじくも中尾弘之教授から教えられた〈親切〉、そして李鎬榮教授が強調している〈共感〉でしょう。そこには、ネガティブ・ケイパビリティのひとかけらもありませんでした。

共感豊かな子供の手紙

最近、共感についての書物を刊行したボルバ女史は、現代は自己中心主義がはびこっていると警告しています。米国では大学生でも自己中心主義は、三十年前と比べて58％増加し、いじめやカンニング蔓延の原因になっています。中・高校生の五人にひとりが、仲間のいじめのために自殺を考えたことがあると言います。大学生の七割にカンニングの経験があり、三人にひとりの学生が同級生のいじめで抑うつを感じたという統計が出ています。

このような自己中心主義の世の中だからこそ、ボルバ女史は、共感豊かに育った子供こそが将来人生で成功していくのだと強調します。

ボルバ女史が自著で紹介している体験談は胸を打ちます。

女史が、ルワンダの内乱で両親から捨てられた、ろうあの子供を収容する孤児院を訪れたときのことです。鉛筆や定規、消しゴムやノートが詰まっている袋を次々と取り出しました。それらは米国の子供たちからの贈物でした。みんな、中に何がはいっているか、ひとつひとつ出しては喜んでいました。

ところがひとりだけ、すべての品を取り出して並べたあと、まだ何かを探している子供がいました。もっとキャンディがいるのかなと、女史は訝《いぶか》ります。

その男の子がとうとう見つけたのは手紙でした。それを手にして撫で、匂いをかぎ、慎重に手紙を開きました。ボルバ女史が近寄って、翻訳してやったのは言うまでもありません。

――こんにちは。ぼくの名前はヤコブです。十歳です。ミネソタに住んでいます。地図を出して、あなたが住んでいる場所を見つけました。この袋の中に、いろんな物を詰めました。そして詰めている間中、あなたのことを思っていました。どうかこの贈物をあなたが気に入ってくれますように、そしてどうぞよい一日を。

あなたの新しい友だち、合衆国のヤコブより

その男の子は手紙の一語一語を食い入るように見つめ、何度も何度も確かめたあと、自分の胸に強く抱きしめ、泣き出したのです。そしてもらい泣きしている女史に向かい、手話で「愛」と言っ

たのでした。

男の子が必要としていたのは、他の誰かが自分のことを思ってくれていると、知ることだったのです。おそらく、これは世界中のどの子供も、必要としていることではないかと女史は言います。共感の力こそが人生を変えるのだと。

共感で始まって共感で筆を擱くこの小さな本によって、読者が共感の土台となるネガティブ・ケイパビリティの力を知り、少しでも人生が生きやすくなったと感じられたのであれば、本書の目的は達せられたと言えます。

参考資料

はじめに――ネガティブ・ケイパビリティとの出会い

①Marqulies, A. : Toward empathy: the uses of wonder, *Am. J. Psychiatry* 141: 1025–1033, 1984.

第一章　キーツの「ネガティブ・ケイパビリティ」への旅

①Cook, E. (ed) : *John Keats*, Oxford University Press, Oxford, 1990.

②Keats, J. : *Bright star: Love letters and poems of John Keats to Fanny Brawne*, Penguin Books New York, 2009.

③Roe, N. : *John Keats: A New Life*, Yale University Press, London, 2013.

④Brown, S., Cacciatore, V., Donini, F., Haslam, R., Payling, C. : Keats-Shelley Memorial Association : *Keats and Italy: A history of the Keats-Shelley House in Italy*, Il Labirinto, Rome, 2005.

⑤Keats, J. : *Selected Poems*, Penguin Books, London, 2007.

⑥Hebron, S. : *John Keats: A poet and his manuscripts*, British Library, Lodnon, 2009.

第二章　精神科医ビオンの再発見

①ピショー、P（帚木蓬生、大西守訳）：『精神医学の二十世紀』、新潮選書、一九九九
②Bléandonu, G.: *Wilfred R. Bion: La vie et l'œuvre, 1897–1979*, Dunod, Paris, 1990.
③Bion, W. R.: *The long week-end, 1897–1919: part of a like*, Karnac, London, 1991.
④Bion, W. R.: *War memoirs 1917–1919*, Karnac, London, 1997.
⑤Bion, W. R.: *Attension and interpretation*, Karnac, London, 1993.
⑥Bion, W. R.: *Clinical seminars and other works*, Karnac, London, 2000.
⑦Bion, W. R.: *A memoir of the future*, Karnac, London, 1991.
⑧Robinson, H. T.: 'The bespoke universe': Shakespeare, Freud and Beckett, tailors and outfitters, *Brit. J. Psychotherapy* 17: 181–191, 2000.
⑨Mayers, D.: Bion and Beckett together, *Brit. J. Psychotherapy* 17: 192–202, 2000.
⑩Craig, G.: Talking to himself being together, *Brit. J. Psychotherapy* 17: 203–214, 2000.

第三章　分かりたがる脳

①山鳥重：『「わかる」とはどういうことか――認識の脳科学』、ちくま新書、二〇〇二
②Greilsamer, L.: *Le Prince foudroyé, La vie de Nicolas de Staël*, Fayard, Paris, 1998.
③黒井千次：「知り過ぎた人」、学士会会報九一二：六三―六五、二〇一五

④ Bion, W. R. : On a quotation from Freud, 1926, in *Clinical seminars and other works*, Karnac, London, 2000.
⑤ Bion, W. R. : Four discussions, 1976, in *Clinical seminars and other works*, Karnac, London, 2000.

第四章　ネガティブ・ケイパビリティと医療

① Phillips, A. : Winnicott: An introduction, *Br. J. Psychiatry* 155: 612-618, 1989.
② 帚木蓬生：「治すことはできませんが、トリートメントはできます」、日本病院会雑誌五九：一一九二－一二〇一、二〇一二
③ 森山成裃：「精神療法を底支えするもの」、臨床精神医学三九：一四八五－一四八九、二〇一〇

第五章　身の上相談とネガティブ・ケイパビリティ

① 森山成裃：「身の上相談所としてのメンタルクリニック」、現代のこころの病――外来精神医療シリーズⅡ、現代のエスプリ四八七：五七－六六、二〇〇八
② 帚木蓬生：「終活ではなく老活（老いてなお活動）で生き尽くそう」、日本老年医学会（二〇一一年六月十三日）と、久留米大学医学部第二内科同門会（二〇一五年六月二十日）での講演
③ 森山成裃：「聖地ルルドの医学検証所と患者受け入れ病院を訪ねて」、臨床精神医学四五：一〇七七－一〇八四、二〇一六
④ 帚木蓬生：「治すことはできませんが、トリートメントはできます」、看護五八：二〇－二二、二〇〇六

第六章　希望する脳と伝統治療師

① 山鳥重：『「わかる」とはどういうことか――認識の脳科学』、ちくま新書、二〇〇二

② 森山成彬：「ギャンブル障害の倫理的・法的・社会的問題と治療」、Brain and Nerve 六六、二〇一六

③ 帚木蓬生：『風花病棟』、新潮文庫、二〇一一

④ 瀧川守國：「貼り絵のナイーヴ画家・山下清とその放浪の軌跡――サヴァン症候群の視点より」、九州神経精神医学六一：一六六―一七五、二〇一五

⑤ レフ、J（森山成彬、朔元洋訳）：『地球をめぐる精神医学』、星和書店、一九九一

⑥ 帚木蓬生：「プラシーボに現れる〈こころ〉」、川添信介、高橋康夫、吉澤健吉（編）『こころの謎kokoroの未来』、京都大学学術出版会、二〇〇九

⑦ Guess, H. A., Engel, L. W. Kleinman, A., Kusek, J. W., (ed) : *Science of the placebo: Toward an interdisciplinary research agenda*, BMJ Books, London, 2002.

⑧ Moerman, D. : *Meaning, medicine and the 'placebo effect'*, Cambridge University Press, Cambridge, 2002.

⑨ Thompson, W. G. : *The placebo effect and health: combining science & compassionate care*, Prometheus Books, New York, 2005.

⑩ Beecher, H. K. : The powerful placebo, *J. A. M. A.* 159: 1602–1606, 1955.

⑪ Cobb, L. A., Thomas, G. I., Dillard, D. H. et al.: An evaluation of internal-mammary-artery litigation by a double-blind technic, *New E. J. Med.* 260: 1115–1118, 1959.

⑫ Lyerly, S. B., Ross, S., Krugman, A. D., Clyde, D. J. : Drugs and placebos: The effects of instructions upon performance and mood under amphetamine sulfate and chloral hydrate, *J. Abn. Soc. Psychol.* 68: 321–327, 1964.

⑬ Shapiro, A. K. : Etiological factors in placebo effect, *J. A. M. A.* 187: 712–714, 1964.

⑭ Blackwell, B., Bloomfield, S. S., Buncher, C. R. : Demonstration to medical students of placebo responses and non-drug factors, *Lancet,* 1279–1282, 1972.

⑮ Gryll, S. L., Katahn, M. : Situation factors contributing to the placebos effect, *Psychopharmacology* 57: 253–261, 1978.

⑯ Benson, H., McCallie, D. P. : Angina pectoris and the placebo effect, *New E. J. Med.* 300: 1424–1429, 1979.

⑰ The Coronary Drug Project Research Group : Influence of adherence to treatment and response of cholesterol on mortality in the coronary drug project, *New E. J. Med.* 303: 1038–1041, 1980.

⑱ Branthwaite, A., Cooper, P. : Analgesic effects of branding in treatment of headaches, *Br. Med. J.* 282: 1576–1578, 1981.

⑲ Hussain, M. Z., Ahad, A. : Tablet colour in anxiety states, *Br. Med. J.* : August 22: 466, 1970.

⑳ Gracely, R. H., Dubner, R., Deeter, W. R., Wolskee, R. J. : Clinician's expectations influence placebo analgesia, *Lancet.* January 5: 43, 1985.

㉑ Lasagna, L. : The placebo effect, *J. Allergy Clin. Immunol* 78: 161–165, 1986.

㉒ Kirsch, I., Weixel, L. J. : Double-blind versus deceptive administration of a placebo, *Behav. Neurosci* 102: 319–323, 1988.

㉓ Fillmore, M., Vogel-Sprott, M. : Expected of caffeine on motor performance predicts the type response to placebo, *Psychopharmacol.* 106: 209–214, 1992.

㉔ Desharnais, R., Jobin, J., Côté, C. et al. : *Aerobic exercise and the placebo effect*, a controlled study, *Psychosom. Med.* 55 : 149–154, 1993.

㉕ Turner, J. A., Deyo, R. A., Loeser, J. D. et al. : The importance of placebo effects in pain treatment and research, *J. A. M. A.* 271: 1609–1614, 1994.

㉖ Johnson, A. G. : Surgery as a placebo, *Lancet* 344: 1140–1142, 1994.

㉗ Fillmore, M. T., Mulvihill. L. E., Vogel-Sprott, M. : The expected drug and its expected effect interact to determine placebo responses to alcohol and caffeine, *Psychopharmacol*. 115: 383–388, 1994.

㉘ Ernst, E., Resch, K. L. : Concept of true and perceived placebo effects, *Brit. Med. J.* 311: 551–553, 1995.

㉙ Rothman, K. J. : Placebo mania, *Brit. Med. J.* 313: 3–4, 1996.

㉚ Kaptchuk, T. J. : Powerful placebo: the dark side of the randomised control trial, *Lancet* 351: 1722–1725, 1998.

㉛ Mayberg, H. S., Silva, J. A., Brannan, S. K. et al. : The functional neuroanatomy of the placebo effect, *Am. J. Psychiatry* 159: 728–737, 2002.

㉜ Kupfer, D. J., Frank, E. : Placebo in clinical trials for depression, *J. A. M. A.* 287: 1853–1854, 2002.

㉝ Barsky, A. J., Saintfort, R., Rogers, M. P., Borus, J. F. : Nonspecific medication side effects and the nocebo phenomenon, *J. A. M. A.* 287: 622–627, 2002.

㉞ Leuchter, A. F., Cook, I. A., Witte, E. A. et al.: Changes in brain function of depressed subjects during treatment with placebo, *Am. J. Paychiatry* 159: 122–129, 2002.

㉟ Moerman, D. E., Jonas, W. B. : Deconstructing the placebo effect and finding the meaning response, *Ann. Int. Med.* 136: 471–476, 2002.

㊱ Walsh, B. T., Seidman, S. N., Sysko, R., Gould, M. : Placebo response in studies of major depression:*variable, substantial, and growing, J. A. M. A.* 287: 1840–1847, 2002.

㊲ Hedges, D., Burchfield, C. : The placebo effect and its implications, *J. Mind Behav.* 26: 161–179, 2005.

㊳ Schneider, R. : The psychology of the placebo effect: exploring meaning from a functional account, *J. Mind Behav.* 28: 1–17, 2007.

㊴ Scott, D. J., Stohler, C. S., Egnatuk, C. M. et al. : Placebo and nocebo effects are defined by opposite opioid and dopermінergic responses, *Arch. Gen. Psychiatry* 65: 220–231, 2008.

㊵ Bridge, J. A., Birmaher, B., Iyengar, S. et al.: Placebo response in randomized controlled trials of antidepressants for pediatric major depressive disorder, *Am. J. Psychiatry* 166: 42–49, 2009.

第七章　創造行為とネガティブ・ケイパビリティ

① 森山成Ŵ：「創造行為と negative capability」、臨床精神医学三〇増刊：一九一−一九五、二〇〇一

② Cook, E. (ed.) : *John Keats: A critical edition of the major works*, Oxford University Press, Oxford, 1990.

③森山成棥：「精神科医と作家」、神庭重信（編著）『私の臨床精神医学――九大精神科講演録』、創元社、二〇一四

第八章　シェイクスピアと紫式部

①*Time*' April 4, 2016, pp. 43–45.
②Calef, V. : Lady Macbeth and infanticide: Or "how many children had Lady Macbeth" murderd?, *J. Am. Psychoanal. Assoc.* 17: 528–548, 1969.
③Rose, G. J. : King Lear and the use of humor in treatment, *J. Am. Psychoanal. Assoc.* 17: 927–940, 1969.
④Margo, G. H. : Pathway to the unconscious: a parallel analysis of Shakespeare's King Lear and Davanloo's central dynamic sequence, *Int. J. Short-term Psychotherapy* 7: 199–210, 1992.
⑤河合隼雄：『源氏物語と日本人――紫マンダラ』、岩波現代文庫、二〇一六
⑥瀧浪貞子（編）：『源氏物語を読む』、吉川弘文館、二〇〇八
⑦今井源衛：『紫式部』、吉川弘文館、一九八五
⑧倉本一宏：『紫式部と平安の都』、吉川弘文館、二〇一四
⑨鈴木一雄（監修）、中嶋尚（編）：『源氏物語の鑑賞と基礎知識ｎｏ.７　帚木』、至文堂、一九九九
⑩鈴木一雄（監修）、小谷野純一（編）：『源氏物語の鑑賞と基礎知識ｎｏ.36　蓬生・関屋』、至文堂、二〇〇四

⑪吉海直人（編）：『源氏物語研究ハンドブック――巻別・テーマ別研究文献目録1・2』、翰林書房、一九九九
⑫帚木蓬生：『賞の柩』、集英社文庫、二〇一五
⑬Yourcenar,M.：*Nouvelles orientales*, Gallimard, Paris, 2011.
⑭Barbier,C.: *Etude sur nouvelles orientales*. Ellipses. Paris, 2015.

第九章　教育とネガティブ・ケイパビリティ

①今道友信：『教えるこころ――新しい時代の教育への提言』、女子パウロ会、二〇一一
②Alter, C.：The secrets of super siblings: Nine families raised children who all went on to extraordinary success. Here's what they have in common, *Time*, September 5, 2016, pp. 26–33.

第十章　寛容とネガティブ・ケイパビリティ

①渡辺一夫：『寛容について』、筑摩書房、一九七二
②渡辺一夫：『狂気について――他二十二篇　渡辺一夫評論選』、岩波文庫、一九九三
③刀根良典：http://thone-zen.com/
④マザー・テレサ（いなますみかこ訳）：『日々のことば』、女子パウロ会、二〇〇九
⑤帚木蓬生：『ヒトラーの防具』（上下）、新潮文庫、一九九九

⑥Lafont, M. : *L'extermination douce*, Editions de l'Arefppi, Lyon, 1987.
⑦*Time*' December 21, 2016.
⑧高田博行：『ヒトラー演説――熱狂の真実』、中公新書、二〇一四
⑨日本戦没学生記念会（編）：『きけわだつみのこえ――日本戦没学生の手記』、岩波文庫、一九八二
⑩久米茂：「『わだつみの世代』から――虚無をのみ頼みたる日々のことなど――」、兵役創刊号：一九八〇
⑪『昭和――二万日の全記録』第六巻「太平洋戦争――昭和16年～19年」、講談社、一九九〇
⑫窪島誠一郎：『無言館――戦没画学生「祈りの絵」』、講談社、一九九七
⑬五味川純平：「原点としてのわが〝戦争と人間〟――自らが足下に踏みにじった民族の〝痛み〟とは」、潮一四二：一九七一―一九五、一九七一
⑭『昭和――二万日の全記録』第二巻「大陸にあがる戦火――昭和4年～6年」、講談社、一九八九
⑮池田清（編）、太平洋戦争研究会（著）：『図説・太平洋戦争』、河出書房新社、一九九五

おわりに――再び共感について

①帚木蓬生：「中尾弘之先生の文章教室九州大学精神科――百年の航跡」、九州大学精神科教室開講百周年記念事業実行委員会、二〇〇六
②帚木蓬生：『カシスの舞い』新潮文庫、一九八六

③李鎬榮先生私信
④森山成㭽、藤原洋子、三箇栄司：「韓国ソウルの3精神科施設を訪ねて――現代韓国の精神医学事情」、精神医学五六：六一七―六二四、二〇一四
⑤Borba, M.: *Unselfie, why empathetic kids succeed in our all-about-me world*, Touchstone, New York, 2016.
⑥イリバギザ、I・アーウィン、S（原田葉子訳）『ゆるしへの道――ルワンダ虐殺から射してくる、ひとすじの光』、女子パウロ会、二〇一三

帚木蓬生（ははきぎ・ほうせい）
1947年、福岡県生まれ。作家、医学博士・精神科医。東京大学文学部、九州大学医学部卒業。九大神経精神医学教室で中尾弘之教授に師事。1979～80年フランス政府給費留学生としてマルセイユ・聖マルグリット病院神経精神科（Pierre Mouren 教授）、1980～81年パリ病院外国人レジデントとしてサンタンヌ病院精神科（Pierre Deniker 教授）で研修。その後、北九州市八幡厚生病院副院長を経て、現在、福岡県中間市で通谷メンタルクリニックを開業。多くの文学賞に輝く小説家として知られる。主な著書に、『白い夏の墓標』『三たびの海峡』（吉川英治文学新人賞）『閉鎖病棟』（山本周五郎賞）『逃亡』（柴田錬三郎賞）『ギャンブル依存とたたかう』『千日紅の恋人』『水神』（新田次郎文学賞）『ソルハ』（小学館児童出版文化賞）『やめられない　ギャンブル地獄からの生還』『蠅の帝国』『蛍の航跡』（この２作品で日本医療小説大賞）『悲素』『受難』など多数。

朝日選書 958

ネガティブ・ケイパビリティ
答えの出ない事態に耐える力

2017年４月25日　第１刷発行
2023年９月10日　第18刷発行

著者　帚木蓬生

発行者　宇都宮健太朗

発行所　朝日新聞出版
〒104-8011 東京都中央区築地5-3-2
電話 03-5541-8832（編集）
03-5540-7793（販売）

印刷所　大日本印刷株式会社

© 2017 Hôsei Hahakigi
Published in Japan by Asahi Shimbun Publications Inc.
ISBN978-4-02-263058-2
定価はカバーに表示してあります。

落丁・乱丁の場合は弊社業務部（電話03-5540-7800）へご連絡ください。
送料弊社負担にてお取り替えいたします。

帚木蓬生の本

生きる力　森田正馬の15の提言

（朝日選書901）

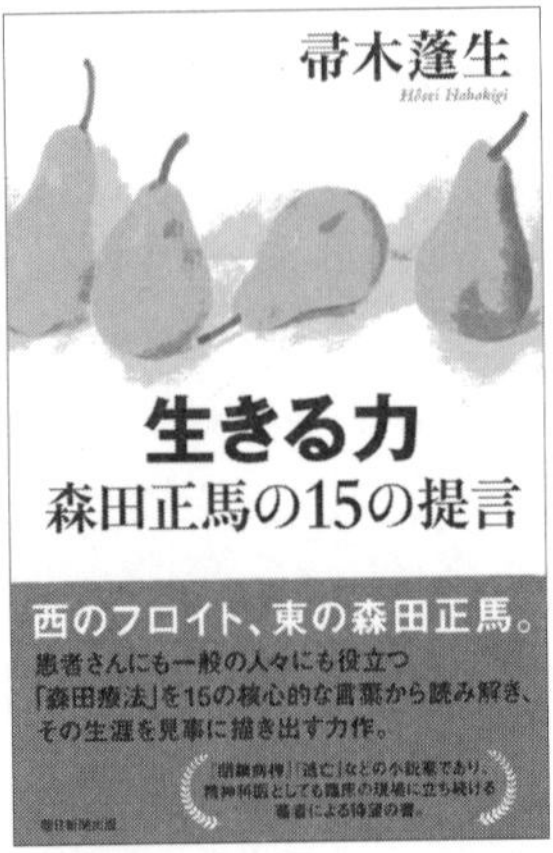

小説家として数々の受賞歴をもつ著者は、精神科医として臨床の現場にも立ち続けている。20世紀の初頭、西のフロイトと全くかけ離れた、東の森田正馬《しょうま》が創出した「森田療法」とは何か。薬を用いず、現在も学校現場や職場のメンタルヘルスでも実践され、認知行動療法にも取り入れられている、その治療法の独自性と先進性を、彼の15の言葉から読み解く。

一瞬一生、見つめる、休息は仕事の転換にあり、いいわけ、即、自然服従、不安常住、生きつくす……。森田の療法の根底には、人生を無理なく生きる「あるがまま」の肯定があった。患者さんにも、一般の人びとにも指針となる森田療法とその創始者の生涯をえがいた力作。

朝日新聞出版